Stefan Kornelius

Al Gore – Mission Klima

Stefan Kornelius

Al Gore – Mission Klima

Sein Leben, seine Ziele

HERDER

FREIBURG · BASEL · WIEN

Originalausgabe

www.herder.de
Satz: Barbara Herrmann, Freiburg
Herstellung: CPI Moravia Books, Pohorelice
Gedruckt auf umweltfreundlichem,
chlorfrei gebleichtem Papier
Printed in Czech Republic

ISBN 978-3-451-03020-8

Inhalt

Vorwort: Für eine noble Sache ... 7

1. Ein Leben in zwei Welten – Al junior zwischen Washington und Carthage ... 17

2. Lehrjahre eines Politikers – Abgeordneter, Senator und eine herbe Niederlage ... 39

3. Die Reifeprüfung – ein mächtiger Vizepräsident und ein Präsident auf Abwegen ... 59

4. 36 Tage – ein Kandidat in Fesseln, ein Traum in Trümmern ... 76

5. Absturz und Rückkehr – Al Gore auf der Suche nach sich selbst ... 91

6. Mr. Klima – die Umwelt als Lebensmotiv ... 105

7. Öko-Superstar – Nobelpreis, Oscar, Emmy und ein stiller Triumph ... 124

8. „Run, Al, run" – Präsidentschaft 2008 oder Warum Al Gore ein tragischer Held bleibt ... 147

Vorwort: Für eine noble Sache

Der Mann, den sie den Prinzen von Tennessee nennen, sitzt an seinem Schreibtisch im Büro einer stattlichen Villa am Lynnwood Boulevard in Nashville. In seinem Rücken ist eine imposante Computeranlage installiert: drei im Halbkreis angeordnete und miteinander verbundene extrabreite Flachbildschirme, so wie man es von den Arbeitsplätzen der Börsenhändler kennt. Die Maus lässt sich über alle Schirme dieses futuristischen Kommandostandes hinweg bewegen, und wenn der Mann sollte, dann könnte er sich – etwa mit einem Satellitenprogramm – hinwegzoomen auf seinem Flachbildschirm, raus aus dem Lynnwood Boulevard und hinauf in die Stratosphäre: Zunächst würde Belle Meade zu sehen sein, die noble Parklandschaft, in der die Oberschicht Nashvilles wohnt; dann verschwänden die Straßen, und man könnte den Old-Hickory-Lake im Nordosten der Stadt erahnen, durch den der Cumberland River mäandert; weiter entfernt tauchten die Cumberland Hills auf, jene Hügellandschaft im Herzen Tennessees, in der auch das Städtchen Carthage versteckt ist – einer der vielen Heimatorte des Mannes. Weiter ginge der Flug hinauf ins Weltall, bis Washington ins Bild käme, die Atlantikküste – auch Florida und Texas. Aber damit hielte sich der Weltenzoomer nicht auf, flöge stattdessen hinauf, bis nur noch die Umrisse von Nordamerika zu erkennen wären, die schmale Landzunge Mittelamerikas, der Atlantik, der Pazifik und die weiße Eiskappe über dem Nordpol. Da wäre sie schließlich: die Erde, rund und blau und leuchtend.

Der Blaue Planet ist das Lieblingsbild Al Gores, eben des Mannes, den sie spöttisch den Prinzen von Tennessee nennen, hämisch auch den Ozonmann. Viele Namen haben sie ihm gegeben im Lauf der Jahrzehnte, viele Eigenschaften angedichtet – richtige und falsche. Sie haben ihn belacht und einen Langweiler geschimpft, einen hölzernen Indianer. Dann haben sie ihn auseinandergenommen und wieder zusammengesetzt auf der Suche nach dem politischen und dem menschlichen Kern. Und schließlich, nachdem er tief gefallen war, wurde er wiederentdeckt. Oder besser: hat er sich emporgearbeitet, hartnäckig und zäh. Und plötzlich war er oben, ganz oben in der Stratosphäre, ein Idol, ein Guru fast, ein Mann mit der richtigen Botschaft und der nötigen Glaubwürdigkeit, ein moderner Olympier, geadelt mit den schönsten Preisen, die diese Welt zu vergeben hat.

In der Lebensgeschichte von Arnold Albert „Al" Gore junior haben sich viele Namen und viele Bilder angesammelt, Nahaufnahmen aus Tennessee und „Distanzschüsse" aus dem All. Es gehört zum Alltag prominenter Zeitgenossen, dass sie öffentlich zerlegbar sind, deutbar, erkundbar. Al Gore hat dieses Schicksal mehr durchlitten als genossen. Er ist kein leicht zu durchschauender Mensch – nicht einmal für sich selbst. Er hat in seinem politischen Leben mindestens zweimal öffentlich mit seinem Dasein gehadert, hat eine fast schon unangenehm öffentliche Sinnsuche betrieben. Jetzt, da er weit oben ist in der Stratosphäre, scheint er Frieden mit sich zu schließen. Da oben kann er so sein, wie es ihm auf den Weg gegeben wurde.

Dieser Weg wurde angelegt in einem politischen Elternhaus, in das Gore 1948 hineingeboren wurde. Tatsächlich waren es zwei Häuser, zwei Leben, die der Junge von klein auf auszufüllen hatte: Eines in der Hauptstadt Washington, eines in der politischen Wahlheimat Tennessee. Ein Pendelleben nicht nur zwischen zwei Orten, sondern zwischen völlig unterschiedlichen Welten: Hier der rationale, harte politische

Kampf der Besten des Landes und die presbyterianische Internatsschule – dort die Farm, die Scholle, die einfachen Leute, die sonntags in die baptistische Gemeinde pilgerten. Dominierende Figur in dieser prägenden Phase war der Vater, ein Mitglied des US-Senats, der den Sohn von klein auf mit dem Gedanken vertraut machte, dass sein Platz eines Tages an der Spitze des Landes, im Präsidentenamt zu finden sein würde.

Al junior war ein gehorsamer Sohn, ein Kind, das es seinen Eltern recht machen wollte. Er zeigte alle Symptome des „Dramas des begabten Kindes“: einen Mangel an Liebe und Anerkennung durch die Eltern, das unterentwickelte Selbstbewusstsein – und verfügte gleichzeitig über die hohe Intelligenz, all diese Defizite selbst zu erkennen und rational zu betrachten. Später – der Klassiker der Psychoanalytikerin Alice Miller über die psychische Prägung von Kindern hatte Gore tief beeindruckt – wandte er die Theorie auf die Beziehung des Menschen zu seiner Umwelt an und diagnostizierte eine völlige emotionale Entfremdung von der Natur, einen krankhaft kopfgesteuerten Zugang des Menschen zu seiner Umwelt. Schlimmer noch: In seinem Hass über die Lieblosigkeit der Beziehung würde der Mensch diese Umwelt zerstören.

Zu viel Psychoanalyse? Gore selbst ist es, der Zäsuren in der Biografie immer wieder zum Anlass nimmt, sein Seelenleben zu erforschen: die Entscheidung zum Kriegsdienst in Vietnam, getroffen aus bloßer Rücksichtnahme auf die politische Karriere des Vaters und entgegen der eigenen Überzeugung; die Sinnkrise nach dem Einsatz, aufgefangen durch ein kurzes Studium der Theologie in der einzigen Phase seines Lebens, in der sich Gore treiben ließ und unbeschwert erschien. Und vor allem die Krise in der Mitte des Lebens, mit 40 Jahren, als er die erste Präsidentschaftskandidatur in grandioser Selbstüberschätzung an die Wand gefahren hatte und kurz darauf mit ansehen musste, wie sein einziger Sohn, von einem Auto erfasst, dem Tod nur knapp entging.

Gore ist ein harter Arbeiter, ein zäher Kämpfer, der den Mangel an Popularität und Charisma wettmacht durch Fleiß und Ausdauer. So arbeitete er sich in der Politik empor, als Kongressabgeordneter, später auch als Senator, so wie der Vater. Er war immer präsent, ein guter Vertreter seiner Wähler im Süden, scharfsinnig und schlagfertig. Aber seltsam: Gore war kein Menschenfischer, er sammelte keine politischen Freunde, begeisterte wenig und arbeitete dafür umso mehr. Der Politiker Gore forderte Kraft, er spendete sie nicht. Das Geschäft betrieb er mit gezwungener Leidenschaft, zu spüren in all den Phrasen und belehrenden Vorträgen, in denen er die Sprache windet wie den Körper. „Er musste immer beweisen, dass er mehr wusste als alle anderen im Saal", sagte ein Wegbegleiter. Keine Spur von Leidenschaft, von Emotionalität und erkennbaren Schwächen, wie sie ein Bill Clinton so lässig zu jonglieren vermochte.

Aber: „Kein Mensch ist eine Karikatur", schreibt der Gore-Biograf Bill Turque, der einen Politiker voller Widersprüche und Konflikte zeichnet. Den Geistesmenschen Gore und den menschenscheuen Gore, den gottesfürchtigen und den technikgläubigen Gore. Den abwägenden, gerechten Gore und den knallharten Verhandler, der durchaus seinen Vorteil sucht. Den steifen und vorsichtigen Gore, und den lustigen, schlagfertigen, spontanen Mann, den Mitarbeiter, Freunde und natürlich die Familie kennen.

Wo ist er also zu finden, der echte Al Gore? Vielleicht zwischen den Zeilen in seinem Grundsatzwerk über die „Wege zum Gleichgewicht" – ein Titel, der mit Bedacht gewählt ist, weil nicht geringe Teile des Bestsellers über die Umweltzerstörung auch als Selbstanalyse Gores gelesen werden können, verfasst während der großen Krise in der Lebensmitte.

Nach dieser Krise fand Gore wieder in den politischen Alltag zurück und schloss einen faustischen Handel mit Bill Clinton: Clinton würde ihn mitnehmen ins Weiße Haus, und Gore – nun, Gore sollte den Preis erst später erfahren. Zunächst lebte er erneut im Schatten eines übermächtigen Politikers, in einer seltsamen politischen Symbiose. Clinton der Impulsmensch, der lavierende und taktierende Dealmacher – Gore der Gradlinige, der Disziplinierte, der Genussverweigerer. Für Gore, der sein Leben lang die Kontrolle behielt und selbst die unkontrollierbaren Momente wenigstens im Nachhinein erklären und analysieren konnte, für diesen Mann brach eine Welt zusammen, als die Praktikantin Monica Lewinsky die Szene betrat.

Die Regierung hatte gute Arbeit geleistet, Gore bewachte das Erbe, das er selbst anzutreten gedachte, als die Affäre des Präsidenten mit der Praktikantin das politische Gleichgewicht in Washington verschob und einen parteiischen Furor auslöste, der schließlich in einem Amtsenthebungsverfahren endete. Auch wenn die Affäre bei den Wählern verpuffte – das politische Klima in Washington blieb hassgeladen, als Gore den Nachfolgewahlkampf begann und auf eine ihm zutiefst feindlich gesonnene Medienlandschaft stieß.

Dennoch, die Medien haben Gore nicht die Präsidentschaft gekostet. Auch nicht die hängenden Stanzschnipsel in Florida oder die Briefwahlstimmen. Gore selbst verspielte die Wahl 2000 – in jenen Bundesstaaten, die ein Demokrat eigentlich hätte gewinnen müssen, in denen Gore die Wähler aber nicht überzeugen konnte von seiner Person und seinem Programm. Der Vizepräsident zeigte im Wahlkampf 2000 eine Zeitrafferversion seines Lebensmotivs: Zu besichtigen war ein zutiefst widersprüchlicher Mensch, das synthetische Produkt einer verkopften Beratermaschinerie, der Klon eines Wahlkämpferideals – aber eben nur ein Klon. Der Wähler spürte, dass er nichts spürte – und wählte George Bush, die nette Barbecue-Plaudertasche von nebenan.

Natürlich war da auch noch Florida: das Auszählungsdrama in 36 Tagen mit einer abschließenden Entscheidung des Obersten Gerichts, das sich zum Büttel des konservativen Lagers machte. Gore hat sich bis heute nie über Florida geäußert. Einmal sagte er lediglich: „In unserem System gibt es keinen Zwischenschritt zwischen einer Entscheidung des Obersten Gerichts und einer gewaltsamen Revolution." Das ist ein gewagter Satz.

Er, den die Mehrheit der Wähler in den USA als Präsidenten sehen wollte, scheiterte am Wahlmännersystem und einer republikanischen Kampfmaschine, die ein korrektes Auszählungsverfahren verhinderte und mit der Hilfe der rechtsprechenden Gewalt die Präsidentschaft an sich riss. Amerika hat das Florida-Trauma bis heute nicht überwunden, selten wurde das Gerechtigkeitsgefühl einer Mehrheit derart brutal missachtet.

Das politische Leben Al Gores schien nach der Niederlage beendet – die Partei war gespalten über die wahlkämpferische Leistung ihres Kandidaten und verzieh ihm nicht, dass er Bill Clintons Erbe so unfähig verspielt hatte. Und Gore selbst schien keinen Ehrgeiz mehr zu entfalten. Er war offensichtlich müde und zog sich zurück. Der Terror überfiel Amerika und kaum einer hörte hin, als ein gewisser Al Gore die Frechheit besaß, ein Jahr nach dem Einsturz der Zwillingstürme die sicherheitspolitischen Pläne des Präsidenten zu hinterfragen, der einen Einmarsch in den Irak plante. Gore warnte vor diesem Krieg, genauso wie er wieder begonnen hatte, vor den Gefahren der Umweltzerstörung und der Erderwärmung zu warnen. Wie sehr er Recht behalten sollte.

Die Geschichte der Diashow gehört zum Repertoire der Gore'schen Familienlegenden und nimmt einen zentralen

Platz ein im Heldenepos des Mannes. Sie handelt davon, wie der gescheiterte Kandidat in der Lebenskrise zu seiner eigentlichen Berufung findet, indem er im Keller einen alten Diavortrag über die nahende Klimakatastrophe herauskramt und daraus eine Erweckungsbotschaft formuliert, mit der er durch die Lande zieht – quasi wie ein Heilsprediger. In dieser jüngsten Lebensphase Gores finden sich tatsächlich missionarische Motive, bis hin zu der Jüngerschar, die – vom Meister selbst ausgebildet – mit eben seiner Botschaft auf den Weg geschickt wird, um Aufklärung zu leisten.

Jenseits pseudoreligiöser Vergleiche ist in den letzten sieben Jahren ein Al Gore zu beobachten, der – wieder in harter Arbeit und mit eiserner Disziplin – einen erstaunlichen Wandel durchgemacht hat. Gore konzentrierte sich auf den Kern seines umfassenden umweltpolitischen Katalogs, auf das Thema Erderwärmung. Er reduzierte die Botschaft, vereinfachte und polierte sie. Dann musste er nur noch auf den rechten Augenblick warten.

Dieser Moment kam am 29. August 2005, als der elfte Hurrikan der Saison, getauft auf den Namen *Katrina*, in der Nähe von New Orleans in sensationeller Stärke auf Land traf, 1800 Menschen in den Tod riss, grandiose Zerstörung anrichtete und die Stadt zu großen Teilen überflutete. Obwohl der direkte Zusammenhang zwischen *Katrina* und dem Thema Erderwärmung nicht herzustellen ist, wurde Gores Klimabotschaft nun begierig aufgenommen. Amerika, allemal bereit für eine grüne Wende, hörte plötzlich auf den Mann, dessen Worte fünf Jahre zuvor noch vielen zu den Ohren herausgekommen waren.

Und Gore verschaffte sich noch mehr Gehör. Durch Zufall oder mit gutem Gespür: Die Klimabotschaft war gerade verfilmt worden – die Dokumentation „Eine unbequeme Wahrheit“ trieb Anfang 2006 die Menschen in die Kinos und Gore hinauf in den Sympathiewert. Gore fand neue Verbündete für seine Kampagne: Hollywood entdeckte nach Jahren der politischen Abstinenz die Lust an der korrekten Lebenseinstellung und wollte von der politischen Glaubwürdigkeit des neuen Schauspielerkollegen profitieren. Für Gore begann eine Phase später Genugtuung und gewaltigen Triumphs: Binnen weniger Monate wurde der Film mit einem *Oscar* für die beste Dokumentation ausgezeichnet, später folgte ein *Emmy* für einen Fernsehsender, den der zum Ein-Mann-Mischkonzern mutierte Großverdiener Gore gegründet hatte. Und dann kam schließlich die Anerkennung aus Oslo: Die Auszeichnung mit dem Friedensnobelpreis, gemeinsam mit dem Klimarat IPCC.

Gore hatte ein beispielloses Comeback absolviert, war vom gefallenen Kunstprodukt zum authentischen Erdenretter mutiert. Hier war plötzlich eine gewaltige Ein-Mann-Kampagnenmaschine zu beobachten – überall auf der Welt wurde Gore als die Autorität in der Wissenschaft und der Politik des Klimawandels akzeptiert.

Weil dies alles fast zu perfekt choreografiert war und wunderbar in die Dramaturgie des aufkommenden amerikanischen Vorwahlkampfs passte, blieb eine letzte Frage: Würde er wieder antreten? Würde Al Gore den Nimbus des Auferstandenen nutzen und diesmal – authentisch, wie er sich nun darstellte – ins Weiße Haus segeln, um den Mann zu beerben, der dort eigentlich niemals hätte Hausherr werden dürfen? Die Frage beschäftigte das politische Amerika im Jahr 2007 so sehr, das die Umfrageinstitute Gore immer mit aufnahmen in ihre Ranglisten der aussichtsreichsten Kandidaten. Dort belegte er – obwohl niemals angetreten – regelmäßig einen vorderen Platz. Allerdings gab es immer auch eine Konkurrentin: Hillary Clinton.

Al Gore und Hillary Clinton sind nicht füreinander geschaffen. Das wissen sie seit ihrer spannungsgeladenen

Hausgemeinschaft im West Wing der Regierungszentrale, als beide um Einfluss und Macht buhlten. Beide sind sich auch zu ähnlich: nüchtern kalkulierend, emotionsarm, Kinder ehrgeiziger Eltern. Würden sie also gegeneinander antreten? Die Spekulation ist müßig, Gore entschied sich nach allem Anschein gegen eine Kandidatur und gegen die Konfrontation, die im Zweifel nur ihn beschädigt hätte. Gore kam wieder einmal zu spät, die Kandidatur stand nicht in seinem Lebensplan im Frühjahr 2007, als er gerade ein neues Buch veröffentlichte über die Verwerfungen in der amerikanischen Demokratie – übrigens wieder ein Bestseller. Da aber war Hillary bereits davongezogen.

Nein, dieser Gore hatte sich – wie er selbst sagte – „entliebt von der Politik". Er findet Gefallen an seiner Rolle als Öko-Superstar. Warum soll er sich die Tortur eines Wahlkampfes antun, wo er doch eine höhere Wirkung mit seiner Klimabotschaft entfalten kann? Allerdings: Vielleicht wäre ja eine Mischung aus beiden Welten möglich. Gore ist zu sehr Politiker, als dass er nicht wüsste, wie beschränkt der Einfluss eines Aktivisten ist. Wenn er gestalten, wenn er bewegen will, dann nur von einer Position aus der Regierung heraus. Hillary Clinton, die fest mit ihrer Nominierung rechnet, lässt bereits Überlegungen anstellen, wie sich dieser Al Gore einbinden ließe, bevor er wie eine unbefestigte Schiffsladung hin- und herrutscht und den Kahn zum Kentern bringt. Gore könnte mit einem Amt belohnt werden, er könnte Klimabeauftragter in einer Regierung Clinton werden, mit Kabinettsrang und Stab.

Der Prinz von Tennessee, der immer vom Weißen Haus träumte, sitzt nun am Lynnwood Boulevard im eigenen Weißen Haus. Er schaut auf sein Leben, sieht seine Frau und die vier Kinder. Der Vater ist seit acht Jahren tot, die Mutter ebenfalls gestorben. Die Farm in seiner Heimat Carthage wirft noch ihren Ertrag ab, aber eine Präsidentschaftskandidatur wird er von den Stufen des Gerichtsgebäudes in der Provinzstadt nicht mehr ausrufen. Zweimal wollte er Präsident werden und ist gescheitert, einmal reichte es zum Stellvertreter.

Eine große Idee jedoch blieb hängen in all den Jahren, ein großes Thema: das Schicksal der Erde. Das brachte Ruhm und Anerkennung, vor allem aber inneren Frieden und Unabhängigkeit. Denn nie ist Al Gore mehr bei sich selbst, als wenn er mit großer Leidenschaft vom Klima der Erde spricht. Von dem blauen Planeten, den er von ganz weit oben anzuschauen pflegt.

1. Ein Leben in zwei Welten – Al junior zwischen Washington und Carthage

Al Gores politisches Leben begann im zarten Alter von einem Tag auf der Titelseite des *Nashville Tennessean*. Zwischen Nachrichten aus Costa Rica und Japan berichtete die Zeitung am 1. April 1948 von der Gründung einer politischen Dynastie. Albert Gore senior, der aufstrebende Kongressabgeordnete aus dem vierten Distrikt, war Vater geworden. Wochen zuvor schon hatte er sich beim Korrespondenten des Blattes beschwert, weil sein größter politischer Rivale mit einer Meldung über die Geburt einer Tochter Sympathien bei den Wählern einheimsen konnte. „Wenn es ein Junge wird, dann will ich nicht, dass die Nachricht auf den hinteren Seiten beerdigt wird“, raunzte Gore den Journalisten an. Der *Tennessean* reagierte wie gewünscht, wenn auch mit spöttischem Unterton: „Nun, Herr Gore, hier ist ER – auf Seite 1.“

Albert Gore juniors politisches Dasein war von diesem ersten Tag an gezeichnet von Widersprüchen und Zwängen, die sein Leben und seine Karriere prägen sollten. Geboren in der Columbia-Frauenklinik in der Hauptstadt Washington, musste Al nach dem Willen der Eltern gleichwohl als Kind des Südens gelten, als bodenständiger Tennessean, der Tabak schneiden und mit dem Vieh umgehen kann. Und obwohl er im politischen Milieu Washingtons erzogen wurde, konnte er bei Bedarf den breiten Südstaatenakzent auflegen und das Erbe der Vorfahren pflegen, die ihre ärmliche Herkunft nicht verleugneten.

Und dann war da der übermächtige Vater, der bereits den ersten Atemzug seines so sehnlich erwarteten Sohnes für die Politik nutzte und „Little Al“, wie der Sohn in den Kinderjahren gerufen wurde, eine Gewissheit mit auf den Weg gab: Albert Gore junior war zu Höherem geboren, zum Höchsten, was die amerikanische Politik zu bieten hatte. Albert Gore junior, so die feste Erwartung des Vaters, sollte eines Tages Präsident der Vereinigten Staaten werden.

Die Gores lebten seit den Revolutionskriegen als Bauern im unwirtlichen Hügelland von Tennessee. Viel Trost spendete die Gegend nicht, die waldreiche und wenig fruchtbare Region lag abgeschieden und war nur mühsam zu bewirtschaften. Die Menschen blieben unter sich, misstrauten den Fremden, hegten wenig Hoffnung auf Wohlstand und Fortschritt. Das war amerikanisches Hinterland, dumpf und einsam, und den Menschen am Cumberland-Fluss war nicht in die Wiege gelegt, dass sich ihr Schicksal eines Tages gütig erweisen könnte.

Albert Gore, Al Gores Vater, wurde an Weihnachten 1907 als drittes von fünf Kindern geboren, und wenn es einen frühen Hinweis auf eine Karriere außerhalb der Farm gegeben hatte, dann vielleicht die Kindheitsfreundschaft, die sein Vater Allen mit einem gewissen Cordell Hull gepflegt hatte. Cordell Hull war Tischgespräch bei den Gores und Albert muss fasziniert gelauscht haben, wenn sein Vater vom Aufstieg des Freundes erzählte, mit dem er einst Baumstämme den Fluss hinabgeflößt hatte. Cordell Hull war Abgeordneter in Washington geworden, später Senator, ehe er lange Jahre als Außenminister Franklin Roosevelt diente. Hull war ein liberaler Geist, ein Advokat des freien Welthandels und ein Mitbegründer der Vereinten Nationen. Er wurde nach dem Zweiten Weltkrieg mit dem Friedensnobelpreis ausgezeichnet – und sein Leben sollte Albert senior wie junior als Vorbild dienen.

Albert Gore senior verließ das Elternhaus früh, verbrachte quälend lange Jahre mit Gelegenheitsjobs, die er zur Finanzierung eines Jurastudiums annahm. Aber Albert Gore war ein sturer und eitler Kopf, gutaussehend obendrein, ein begnadeter Fiedler, und als sich durch eine Fügung des Schicksals ein politisches Amt als Inspektor für das Schulwesen im Landkreis Smith County auftat, da wusste Gore, dass er auf eine politische Karriere nicht mehr verzichten wollte.

Zu dieser Zeit, Gore war 28 Jahre alt, traf er in Nashville Pauline LaFon, eine 21-jährige Studentin aus schwierigen Verhältnissen, die sich ihre juristische Ausbildung ebenfalls mit Gelegenheitsjobs als Serviererin finanzierte. Pauline LaFon war schon früh mit großer Verantwortung für die Familie beladen worden, vor allem für den erkrankten Vater und die blinde Schwester. Auch sie zeichnete sich durch eisernen Willen und großen Ehrgeiz aus. Pauline wollte der Armut entkommen – kein leichtes Ziel so kurz nach der Wirtschaftsdepression, vor allem nicht für eine Frau in den Südstaaten.

Die beiden waren füreinander geschaffen, „als Partner", wie Al später einmal sagte. Sie studierten zusammen, legten gemeinsam das Examen ab. Pauline soll der Erzählung nach die bessere Studentin gewesen sein. Ehe Albert Gore 1937 einen neuen Job als Arbeitsbeauftragter von Gouverneur Gordon Browning in Nashville annahm, schlossen die beiden in einer einfachen Zeremonie die Ehe. Acht Monate später wurde Nancy geboren, Al Gores ältere und einzige Schwester. Zehn Jahre sollten vergehen, ehe der sehnlichste Wunsch der Eltern in Erfüllung ging und das zweite Kind zur Welt kam: ein Sohn, ein männlicher Erbe.

Al Gore hat seine Eltern immer heroisiert und ihre Rolle als Lebensvorbilder nie in Frage gestellt. „Mein Vater war der großartigste Mensch in meinem Leben", begann er die Totenrede am Grab Alberts, und in einer Würdigung für seine Mutter sprach er von „der besten Lehrerin, die ich je hatte".

Albert und Pauline waren ein politisches Paar mit hoher

Arbeitsdisziplin und starkem Willen. Pauline fügte sich öffentlich schnell in die Rolle der Politikergattin, die hinter ihrem Mann stand, aber nicht verschwand. In der Familie war sie häufig die stärkere und einfallsreichere Kraft, die es ihrem Vorbild Eleanor Roosevelt nachtun wollte. Vom ersten Kongresswahlkampf an kämpfte sie an der Seite Alberts um Wählerstimmen, beriet die Strategie und hatte nicht selten die besten Einfälle. Als Albert 1952 gegen den langjährigen Senator Kenneth McKellar antrat, warb der mächtige, aber alternde Vorsitzende des Haushaltsausschusses mit dem eingängigen Slogan: „A thinking fellah votes McKeller" – wer schlau ist, wählt für McKeller. Pauline war schlauer und konterte mit einem Spruch, der ihrem Mann am Ende den Senatssitz einbringen sollte: „Think some more and vote for Gore."

Die Gores verbrachten seit 1939 viel Zeit in Washington, nachdem Albert mit 31 Jahren das Repräsentantenhaus erobert hatte. Nach der Geburt des juniors 1948 und dem Aufstieg in den Senat wurde Washington endgültig zum Zentrum des Familienlebens. Genauer: Suite 809 im obersten Stockwerk des Fairfax Hotels an der Embassy Row, der Avenue der Botschaftsresidenzen. Das Hotel gehörte einem Cousin des Senators. Al wuchs in einer privilegierten und politischen Welt auf. Ein Familienleben nach klassischen Vorstellungen war freilich mit dem Tagesablauf von Albert und Pauline nicht in Einklang zu bringen.

Little Al kam spielerisch mit der Politik in Kontakt, er badete im Schwimmbad des Senats, er verfügte über eine Jugendmitgliedschaft im Country Club des Kongresses, er saß während einer Senatsdebatte auf den Knien des Kammervorsitzenden, Vizepräsident Richard Nixon. Als Präsident John F. Kennedy dringend den Vater zu sprechen wünschte, sorgte Al dafür, dass seine Eltern benachrichtigt wurden, und durfte anschließend das Gespräch mithören. Der Präsident, Senatoren, Botschafter, wichtige Konferenzen – für die Gores war das Alltag.

Allerdings verbrachte Al viel Zeit ohne seine Eltern, auch wenn die Mutter den Eindruck vermitteln wollte, sie kümmere sich fürsorglich um den Sohn. Tatsächlich war sie eine für die Zeit außergewöhnlich aktive Politikergattin mit eigener Agenda. Der Senator verkehrte in den maßgebenden Kreisen seiner Partei, war beteiligt an den Entscheidungen zum Aufbau des amerikanischen Highway-Netzes und kümmerte sich vor allem um seine Ambitionen.

Little Als Leben wurde währenddessen von Babysittern und Familienmitgliedern beaufsichtigt. Mit dem schwarzen Jungen, der als Türsteher im Hotel arbeitete, spielte er im Hinterhof Fußball. Auf dem Dach des Fairfax spielte er manchmal Frisbee oder warf Wasserbomben auf Autos. Von dort aus konnte er auch den Bau der National Cathedral verfolgen, deren Mauern eine große Bedeutung für die Gores hatten und in deren Schatten sich Al Gores Jugend weitgehend abspielen sollte.

Neben der Kathedrale lag Washingtons exklusive und teure Privatschule, *St. Albans*. Gegründet im Jahre 1909 als episkopale Bildungsanstalt für den Knabenchor der Kathedrale, war sie einer britischen Privatschule nachempfunden und sollte einen simplen Anspruch erfüllen: den Besten des Landes, der künftigen Elite, das Handwerkszeug mit auf den Weg zu geben, auf dass sie zu Führungspersönlichkeiten würden. Washingtons politische Klasse schickte ihre Kinder auf *St. Albans*, damit diese die nächste politische Klasse bildeten – „für Gott und für den Staat“, wie es im Schulmotto heißt. Die Bushs, die Kennedys, Roosevelt und natürlich auch der Senator aus Tennessee – die Schule sollte vorbereiten auf höhere Weihen und den Kindern klarmachen, dass sie zu Großem berufen waren. Der Erziehungscode war simpel: Disziplin, Härte, Elitedenken. Den Zöglingen wurden Demut und Bescheidenheit eingeimpft – damit sie um so souveräner und selbstbewusster auftreten konnten.

Al Gore zeigte in seinen Schülerjahren schon dieselben Eigenschaften, die später an ihm kritisiert werden sollten: Schlaumeierei, taktische Zurückhaltung und eine gewisse Menschenscheu. Nein, Gore war nicht ohne Freunde, aber er war auch kein Gruppenmensch, mehr der Typ Einzelgänger. Ein zäher und verbissener Kämpfer, der immer darauf achtete, seinem Vater keine Schande zu bereiten und den hohen Erwartungen zu genügen. Gore erlebte sportliche und künstlerische Erfolge, vor allem als Basketballspieler und Zeichner, er engagierte sich in der Schulgemeinschaft, brachte ordentliche Noten nach Hause – aber all seiner Arbeit haftete etwas Getriebenes, Zwanghaftes, übertrieben Ernsthaftes an. „Menschen, die keine Fehler haben, sind schrecklich", schrieben die Klassenkameraden ins Jahrbuch 1965 und zeichneten dazu Gore als Marmorstatue, ähnlich der von George Washington aus der Kathedrale nebenan. Hier wurde das Etikett geprägt, das Gore sein Leben lang anhaften sollte: Gore als ein „hölzerner Apollo".

Al Gore hatte auch während der Schulzeit wenig von seinen Eltern. In den höheren Klassen belegte er gar einen Platz als Internatsschüler in St. Alban, obwohl das Apartment des Senators gerade mal ein paar Minuten entfernt in derselben Straße lag. Im Sommer jedoch, während der Kongressferien, reiste er nach Tennessee auf die Farm der Familie außerhalb von Carthage, wo er zwar wie gewöhnlich den hohen Ansprüchen des Vaters genügen musste, aber auch eine traditionelle, erfüllte Kindheit auf dem Land mit Tieren und Freunden genoss. Albert Gore senior wollte den Menschen in der Heimat zeigen, dass sein Sohn dieselbe Erdung hatte wie er, dass seine Erziehung in Washington ihn nicht entfernte von den Wurzeln der Familie. Seine Methoden waren harsch bis gnadenlos, das Arbeitspensum für den Sohn hoch und fordernd. Wenn die Eltern wegen des politischen Geschäfts abwesend waren, übernahmen Vorarbeiter die Aufsicht – bildeten aber auch Al Gores erweiterte und oft liebevolle Ersatzfamilie.

Anders als seine Schwester Nancy rebellierte Al nie offen gegen die Eltern. Allerdings hatte er schon früh seine eigenen Vorstellungen von der Frau an seiner Seite entwickelt. Mit 13 Jahren verliebte er sich in Donna Armistaed, ein Mädchen aus der erweiterten Nachbarschaft in Cathage, zwei Jahre älter als er. Die romantische Beziehung hielt drei Jahre lang, die beiden schrieben sich Hunderte von Briefen, Al rief jeden Samstag aus Washington an. Gleichzeitig achtete er darauf, dass sich seine Washingtoner Welt und die Welt in Tennessee nicht vermischten. Die Differenzen waren einfach zu groß. Am Ende sollte er sich für Washington entscheiden.

Sie war 16, hatte langes, blondes Haar und galt auf den Highschool-Partys der Hauptstadt als der große Preis. Mary Elizabeth Aitcheson, genannt Tipper, war fröhlich, intelligent und gutaussehend. Sie stammte aus einem Scheidungshaushalt von der anderen Flussseite, aus Arlington, wo schwierige Verhältnisse das Leben trübten. Ihre Mutter, die Kriegerwitwe Margret Carlson, litt unter Depressionen und starken psychischen Schwankungen. Der Vater, Margrets zweiter Ehemann, hatte sich scheiden lassen, als Tipper gerade 14 Monate alt war. Al traf Tipper auf dem Highschool-Abschlussball, kurz bevor er zum Studium nach Harvard aufbrach. „Ich werde das nie vergessen", schrieb Tipper später, „wir haben getanzt und getanzt. Die anderen schmolzen einfach dahin." Die Anziehung war wechselseitig und stark – so stark, dass sie das Paar gemeinsam nach Boston trug.

Harvard war 1965 wie heute noch der Brutkasten für die Elite des Landes, eine jener Ivy-League-Hochschulen, deren Absolventen im Arbeitsleben die freie Wahl hatten. Al Gore bewarb sich an keiner anderen Universität – der Studienplatz in Harvard war selbstverständlich. An dieser Universität waren, wie auf jedem Campus in den USA, die frühen Beben der Protestbewegung zu spüren. In Vietnam hatten die USA gerade offiziell in den Krieg eingegriffen, die ersten Truppen kamen ins Land. Aber Gore, der Senatorensohn, der Washingtoner Insider, hielt Abstand zu den politischen Heißspornen, deren radikale Parolen ihn erschreckten.

Gore studierte Politische Wissenschaften, an der Universität standen ihm die besten Köpfe des Landes als Lehrer zur Verfügung. Präsidentenberater, Historiker, Analysten – ein politisch wacher Geist konnte problemlos Nahrung finden auf dem Campus. Allerdings entfaltete der junge Mann zunächst keine besondere akademische Leidenschaft, eher glitt er mit wenig Aufwand durch das Studium.

Mindestens drei, vier Lehrer übten schließlich einen besonderen Einfluss auf den jungen Mann aus: Martin Peretz, gerade mal zehn Jahre älter als Al Gore, war einer der ersten unter den Dozenten, der Gore beeindruckte. Peretz, später Herausgeber der einflussreichen Politikzeitschrift *The New Republic*, sollte ein loyaler Gefolgsmann werden. In seinem Kurs wurde heftig debattiert, aber Gore schien für die ideologisch aufgeladenen Debatten wenig Verständnis aufzubringen.

Richard Neustadt wurde so etwas wie ein akademischer Mentor Gores. Neustadt war eine Institution in der Hauptstadt Washington und eine Koryphäe in Harvard, die den Politischen Wissenschaften einen neuen, sehr realpolitischen Atem einhauchte. Mit seinem Standardwerk über die Machtfülle des US-Präsidenten revolutionierte er das Denken über die mächtigste amerikanische Institution und verschaffte sich unmittelbaren Zugang zu der gerade ins Amt gewählten Regierung Kennedy. Neustadt sollte später die Kennedy School of Government in Harvard gründen und bis zu seinem Tod 2003 alle Präsidenten beraten.

Für Gore wurde Neustadt fast ein Ersatzvater. Gore gewann das Vertrauen des Professors und wurde bald aufgenommen in den inneren Zirkel, ja in die Familie Neustadts, mit der er selbst Thanksgiving verbrachte. Aus Neustadts Umfeld stammt auch der Kontakt zu Graham Allison, ebenfalls Dozent in Harvard, der Gore mit seiner Analyse und seinem Entscheidungsfindungsmodell zur Kubakrise beeindruckte. Es war wohl Allison, der in Gore die Neugier und Leidenschaft für Nuklearfragen und Abrüstungspolitik weckte, die der Abgeordnete, Senator und Vizepräsident später so reichlich ausleben durfte.

Schließlich war da noch Roger Revelle, dem Gore den wohl entscheidenden wissenschaftlichen Impuls für sein Leben verdankt. Revelle, geboren 1909, war Ozeanograph und Klimatologe, der in den 50er Jahren mit regelmäßigen Atmosphärenmessungen den steigenden Gehalt von Kohlendioxyd bei gleichzeitig steigenden Temperaturen analysierte. Seine Forschungen zählen zu den ersten wichtigen Beiträgen zum Nachweis der Erderwärmung durch CO_2-Emissionen. Sie beeindruckten Gore nachhaltig und legten das Fundament für eine lebenslange Mission. Revelle wurde später von Gore zu einer der ersten Kongressanhörungen zu dem Thema als Kronzeuge nach Washington gebeten. Er starb 1991, ein Forschungsschiff ist nach ihm benannt.

Spätestens 1968 zirkulierte Gores Leben um eine einzige, um die entscheidende Frage: Militär oder Drückeberger? Die Einzugsbehörden hatten ihre Fangnetze ausgeworfen und für Gores Jahrgang gab es eigentlich keine Fluchtmöglichkeit vor Vietnam. *The draft*, die Verpflichtung für den Einsatz in Amerikas jüngstem Krieg, würde nach dem College-Abschluss zuschlagen. Aber Harvard war Harvard, und unter den Reichen und Einflussreichen gab es Wege genug, das Schicksal zu lenken. Ein Medizinstudium galt als Ausweg, ebenso eine ernsthafte Verletzung oder eine Krankheit. Manche hungerten sich zum Skelett herunter, um die Tauglichkeitskriterien zu unterschreiten. Und dann war da natürlich die Nationalgarde, der Dienst an der Heimatfront – der wohl sicherste Weg um Vietnam herum.

Gore fand sich zum ersten Mal in seinem Leben in einem echten Dilemma. Er war ein Gegner des Krieges und konnte darum dessen Dauer nicht mit seinem Dienst an der Waffe verlängern. Er lehnte den Krieg aus politischen und moralischen Gründen ab, genau so wie sein Vater, der 1964 zu seiner dritten Amtszeit als Senator gewählt worden war. Albert Gore senior entwickelte sich in dieser dritten Amtszeit zu einem echten Liberalen, er war Wortführer für nicht wenige umstrittene Gesetzesvorhaben – und er musste 1970 zur Wiederwahl antreten. Al Gore hatte also ein zusätzliches Problem: Seine persönliche Vietnam-Entscheidung würde zum Thema im Wahlkampf seines Vaters werden. Kein Gedanke war ihm unangenehmer – ihm, der dem Vater alles recht machen und sicherlich nicht zum Ende seiner politischen Karriere beitragen wollte.

Gore tat, was er in komplizierten Situationen immer tut: Er fragte. Mehr als ein Jahr lang beherrschte die Vietnam-Entscheidung die Gespräche Gores, immer wieder suchte er Rat bei seinem Mentor Neustadt, bei seiner Familie, bei Freunden. Drückte er sich um den Dienst herum, würde er die Wiederwahl seines Vaters erst recht gefährden; als Kriegsgegner hatte dieser aber schon genug Widerstand zu ertragen. Denn selbst wenn der Krieg zunehmend unpopulär war – in Tennessee gingen die jungen Männer zum Militär, das war Bürgerpflicht.

Gore plagten auch moralische Fragen. Würde er sich freiwillig melden, dann brächte er möglicherweise Kameraden in Gefahr, denn als Sohn eines der bekanntesten Vietnamkriegsgegner im Senat wäre er ein willkommenes Ziel des Feindes. Die moralische Dimension funktionierte aber auch in die andere Richtung: Wenn er für sich einen Ausweg fände, dann würde er ja den Platz frei machen für einen weniger privilegierten Mann, der dann statt seiner den Gefahren ausgesetzt wäre!

Von zentraler Bedeutung war jedoch die politische Dimension: Wie würde sich die Entscheidung auf seine Zukunft auswirken? Er, der ausersehen war für die Spitze des Staates, zumindest aber für ein hohes politisches Amt: Würde er seine Entscheidung später rechtfertigen können vor den Wählern?

Neustadt mag den entscheidenden Hinweis gegeben haben, als er feststellte, dass sich niemand vor dem Dienst in Vietnam drücken könne, der in 25 Jahren Verantwortung im Staat zu tragen gedächte. In Amerika werden politische Meriten auch auf dem Schlachtfeld gewonnen. Vielleicht half Gore bei seiner Entscheidung, dass Mittelsmänner längst die Bedingungen für einen solch prominenten Waffenträger erkundet hatten. Natürlich hegte das Militär kein Interesse an einem Kriegsopfer Gore in Vietnam. Dazu war der Vater zu exponiert. Es soll der Heereschef William Westmoreland persönlich gewesen sein, der Gore signalisierte, man werde auf ihn aufpassen, er habe nichts zu befürchten.

Al Gore hatte die schwierigste politische Entscheidung seines 21-jährigen Lebens getroffen – er würde sich freiwillig melden zum Dienst in Vietnam. Und weil er eine Neigung zum Journalismus in sich entdeckt hatte, wollte er als Reporter für eine Militärzeitung in den Krieg ziehen. Im August

1969 erschien er in Newark, New Jersey, offenbar in der kalkulierten Absicht, das Journalistentraining der Armee in Fort Dix im selben Bundesstaat zu absolvieren. Die Armee verweigerte ihren Freiwilligen den Wunsch in der Regel nicht.

Seine wohl wichtigste private Entscheidung fiel Gore vergleichsweise leicht. Auf einer Brücke über dem Charles River in Boston hielt er um Tippers Hand an – auf eine Antwort musste er nicht lange warten. Das Paar entschied sich, den Hochzeitstermin bis nach Als und Tippers Examen aufzuschieben. Al war bereits in Uniform, als er und Tipper sich am 19. Mai 1970 vor dem Hochaltar der National Cathedral das Jawort gaben. Der Abend wurde im Frack gefeiert, Gores Trauzeuge trug sogar Zylinder. Anwesend waren die Washingtoner Gesellschaft, Freunde aus Boston und aus Carthage. Nach einer kurzen Hochzeitsreise – Hawaii, ein Klassiker – kehrte die junge Familie Gore nach Fort Rucker in Alabama zurück, wo Al auf seine Versetzung an die Front wartete. Miss Gore bezog unterdessen außerhalb des Kasernenzauns Quartier in einem Wohnwagenpark.

Ehe Gore an die Front versetzt wurde, musste die Familie einen herben Tiefschlag verkraften. Der Senatswahlkampf 1970 gestaltete sich schwierig für Albert Gore, der zum vierten Mal für das Amt kandidierte. Gore senior hatte sich in den letzten Jahren weit nach links bewegt und neue, konservative Strömungen im Süden der USA ignoriert. Die Anwartschaft der Demokraten auf jedweden Posten in den Südstaaten war nicht mehr garantiert, schon mussten die ersten Altdemokraten geschlagen das Feld räumen. Aus dem Weißen Haus heraus steuerte Richard Nixon die Kampagne ideologisch aufgeheizter republikanischer Kandidaten – vor allem mit verdeckten Wahlkampfgeldern, die illegal ins Land flossen.

So profitierte auch der Kongressabgeordnete Bill Brock aus Tennessee von Nixons Wohltaten und drängte den nach 16 Amtsjahren vom Wähler entrückten Senator in die Defensive. Die Methoden waren fragwürdig, die Argumente brutal und zum Teil erfunden. Die Gores ächzten unter dem neuen Kampagnenstil – einem Schmierenstück, dem die klassischen Wahlkämpfer nicht gewachsen waren. Albert Gore bediente sich noch einmal der Hilfe seines uniformtragenden Sohnes, gemeinsam standen sie vor der Kamera für einen Wahlkampfspot – gefilmt vom renommierten Dokumentarfilmer Charles Guggenheim, der so manche Präsidentschaftskandidatur in Szene setzte. Aber selbst da versagte die Botschaft. Albert Gore war eben ein Südstaatenpatriarch, inzwischen weit weg von den Menschen, ein dynastischer Vorsteher.

Die Guggenheims sollten den Gores übrigens verbunden bleiben. Charles Guggenheims Sohn Davis war es, der Regie führte in Al Gores „Unbequemer Wahrheit", dem späteren, oscarprämierten Dokumentarfilm über den Klimawandel.

Der Wahlabend 1970 geriet zum Desaster, Albert Gore verlor seinen Senatssitz und verließ die öffentliche Bühne, die er 32 Jahre lang beherrscht hatte. Am Tag nach der Niederlage fuhren Vater und Sohn im Kanu auf dem Caney Fork, dem Flüsschen jenseits der Gore-Farm, das Al in der „Unbequemen Wahrheit" als sein Ideal für die unberührte Natur zeigt. Bei dem Ausflug mit dem Vater soll er zum ersten Mal eine Art Befreiung gespürt haben, der allmächtige Senator hatte sein Amt abgegeben. Nun lag es an ihm, das Zepter zu übernehmen.

Ein Jahr, neun Monate und 17 Tage verbrachte Al Gore als Soldat in Uniform, aber der Krieg in Vietnam blieb die meiste Zeit über fern. Offensichtlich wollten die politischen Köpfe im Verteidigungsministerium den Wahltermin des Vaters abwarten, ehe sie den Sohn an die Front schickten. Der Marschbefehl kam kurz vor dem Wahltermin, rechtzeitig für eine Geschichte im *Nashville Tennessean,* die Vater und Sohn als Patrioten zeichnete. Der Abflug aus Seattle war für Januar terminiert. Gore landete nach 13-stündigem Flug auf dem Luftwaffenstützpunkt Bien Hoa, wo er für fünf Monate – die Hälfte der üblichen Umlaufzeit – stationiert sein würde. Die 20. Pionierbrigade betrieb eine Pressestelle, und Gore, obwohl mit Gewehr und Kampfausrüstung ausgestattet, verbrachte die meiste Zeit unbewaffnet.

Nach allen Berichten blieb sein Einsatz weitgehend unspektakulär. Gore war nie in Kämpfe verwickelt, er hatte keine toten Kameraden zu beklagen und geriet nie unter Beschuss, auch wenn er später in Interviews von mehreren Angriffen sprach und besonders wohlwollende Freunde über grausame Szenen und verstümmelte Körper schrieben, die er sehen musste. Der Soldatenpfarrer des Stützpunktes teilte den Eltern der neu angekommenen Soldaten in einen aufmunternden Brief mit: „Es wird Sie freuen zu hören, dass unser Ort generell als sichere Zone betrachtet wird."

Der Routine und der Langeweile auf dem Luftwaffenstützpunkt versuchte Gore zu entgehen, indem er sich Passierscheine besorgte und Touren im Land unternahm. Er verfasste Texte und fotografierte für Zeitungen der Armee und selbst für die Heimatzeitung. Der *Tennessean* druckte eine Reportage aus der Kampfzone, in der Gore beschreibt, wie eine Artilleriestellung vom Feind überrannt wird und die Einheit nach einer langen Nacht weitgehend unbeschadet sechs Vietcong-Kämpfer gefangen nimmt. Die plastische Beschreibung war allerdings noch lange kein Beleg dafür, dass

Gore auch an dem Gefecht teilgenommen hatte. Tatsächlich wurde er nach den Ereignissen zu der Stellung geflogen, recherchierte den Vorgang und verschwand am selben Abend wieder.

Obwohl Gore nie ausführlich über seine Vietnam-Erlebnisse redete, vermittelte er den Eindruck, dass ihn die Erfahrung tief beeindruckt und verunsichert habe. Drei Monate nach seiner Entsendung suchte er nach einer Rückkehrmöglichkeit, zumal seine Einheit aufgelöst wurde und die Gefahr bestand, dass er neu stationiert werden würde. Gore bewarb sich deshalb an der Vanderbilt-Universität in Nashville. Er wollte am Graduiertenseminar für religiöse Studien Kurse in Ethik und Morallehre belegen. Freunden gegenüber begründete er die Entscheidung damit, dass er seine Erlebnisse verarbeiten und seinem Leben eine neue Richtung geben wolle. „Ich wollte in der unmittelbaren Zeit danach besonders sicher sein, dass ich auf dem Boden bleibe", sagte er später über diese Lebensphase. „Und dass ich die Gelegenheit bekomme, systematisch die Strukturen von Gut und Böse zu untersuchen. Ich habe Heimkehrer von Vietnam gesehen, die umhergeirrt sind und ohne Wurzeln waren. Ich wollte das nicht."

Vermutlich hatte Gore nicht den unmittelbaren Horror des Krieges vor Augen, als er seine Entscheidung traf. Zwar sah er täglich die Gefallenenzahlen und hörte die Helikopter und Kampfflugzeuge auf der nahen Startbahn, aber der Politiker-Sohn durchlebte in Vietnam wohl eher eine intensive Reifephase. Vermutlich machte er mit 22 Jahren eine Identitätskrise durch, jetzt, da der unmittelbare Druck des Elternhauses nicht zu spüren war und er in den Straßen Saigons das Leben in all seinen Widersprüchen und Abgründen beobachten konnte – erstmals ungeschützt und ohne den elterlichen Filter.

1988 gab er in einem Zeitungsinterview einen seltenen Einblick in seine politische Gemütslage zu jener Zeit: „(Vietnam) ließ mich Komplexität ertragen, wie ich es zuvor nicht konnte.“ Gore beschreibt in dem Interview, wie er seinen Widerstand gegen den Krieg hinterfragte, als er all die Wäscher und Restaurantbesitzer und Feldarbeiter sah, „die verzweifelt an dem festhielten, was sie Freiheit nannten. Ich war für so etwas naiv unbedarft“. Zum ersten Mal blitzte in Gore ein freier politischer Wille auf – aus Vietnam konnte er eine Erfahrung mitbringen, die er exklusiv für sich hatte und nicht mit seinem Vater teilen musste.

Im April 1971 wurde Gores vorzeitige Entlassung aus dem Militärdienst genehmigt. Am 22. Mai verließ er Vietnam. Tipper holte ihn am Flughafen in Nashville ab und brachte ihn zur Familie nach Carthage.

Die Jahre in Tennessee nach der Rückkehr aus Vietnam waren für Gore unbeschwert und geradezu frei. Er war jung, er war verheiratet, er war materiell weitgehend unabhängig – mit Hilfe des Vaters hatte er sich an einem Bauträgerprojekt in Carthage beteiligt und daraus ein wenig Profit geschlagen. Außerdem trat er einen Job an, der ihm hohe Befriedigung und öffentliche Anerkennung einbrachte. Der *Nashville Tennessean* genoss den Ruf eines großen, liberalen Blattes des Südens. Sein Herausgeber gefiel sich in der Rolle des politischen Königsmachers – kein Amt im Staat konnte wirklich gewonnen werden, wenn der *Tennessean* nicht seine Zustimmung gab. Außerdem beschäftigte Chefredakteur John Seigenthaler eine Riege junger und vielversprechender Reporter – Journalisten mit Verbindung zum Kennedy-Clan oder Absolventen der Eliteuniversitäten, die in der Tradition des einstigen Starreporters während der Bürgerrechtsbewegung, David Halberstam, die Unabhängigkeit des Blattes hochhalten sollten.

Gore übernahm einen Reporterposten in der Lokalredaktion und war schnell fasziniert vom Zeitungsgeschäft. Sein schreiberisches Talent war zunächst allerdings nicht besonders ausgeprägt, vor allem seine Langsamkeit und seine methodische Genauigkeit kosteten den Vorgesetzen Nerven. Gore konnte ausdauernd über einem Manuskript brüten, aber noch intensiver tobte er seinen Wissensdurst bei der Recherche aus. So ernsthaft und verbissen stürzte sich Gore in den neuen Job, dass er auf den Klassiker aller Falschmeldungen hereinfiel: Die Kollegen hatten ihn beauftragt, den Nachruf auf einen berühmten schwedischen Gynäkologen Namens Trebla Erog zu verfassen – Gore merkte nicht, dass man ihn hereinlegte und den Namen des Gynäkologen aus seinem eigenen, rückwärts buchstabiert, abgeleitet hatte.

Drei Jahre lang arbeitete Gore in der Lokalredaktion und gewann mehr und mehr Interesse an gesellschaftlichen und politischen Themen. Obwohl er wegen seiner familiären Bindungen die Politik meiden wollte, zog er doch große Befriedigung aus der Recherche von Missständen in der Kommunalverwaltung und besonders in dubiosen Immobiliengeschäften. Seine Nachforschungen über die Auswirkung einer Grundsteuerreform auf das Gutachterwesen und die Steuerstatistik in Tennessee gerieten so umfangreich, dass sie in Washington Aufmerksamkeit erregten und Gore eine Vorladung zur einer Anhörung im Senat einbrachten. Der Unterausschuss für die Regierungsbeziehungen zwischen Bundes- und Landesebene wollte seine Nachforschungen nutzen – und Gore war mehr als erfreut, der Ladung nachzukommen. Sein Auftritt vor den Senatoren muss in ihm neuen politischen Ehrgeiz geweckt haben. Gore war sichtlich angetan von der Aufmerksamkeit der hohen Herren und beließ es nicht bei ein paar Anmerkungen zu seinen Recherchen, sondern schlug gleich noch eine Gesetzesnovelle zur Problematik vor. Stil und Sprache im Sitzungssaal erinnerten an den alten Senator, mit dem Little Al „draußen im Flur Baseball gespielt" hatte, wie er ein wenig altklug informierte.

Seinen größten journalistischen Scoop landete Gore im Januar 1974. Er ging dem Hinweis eines Bauunternehmers nach, der sich vertraulich über den prominenten schwarzen Stadtrat Morris Haddox beklagt hatte. Morris sollte Baugenehmigungen gegen Barzahlung beschleunigt oder gar erst ermöglicht haben. Gore wollte den korrupten Politiker in flagranti erwischen und kooperierte mit der Staatsanwaltschaft, die den Bauunternehmer mit einem Mikrofon verkabelte und Haddox eine Falle stellte. Gore und die Polizei zeichneten auf, wie der Statdrat über die Bestechungssumme verhandelte und sich selbst belastete. Die Zeitungsfotografen hielten die Geldübergabe auf Film fest. Die Story sollte zeitgleich mit der Anklage veröffentlicht werden. Gore stand vor einem großen Triumph.

Vor Gericht aber reichten die Beweise nicht aus. Das Tonband wurde wegen schlechter Qualität für unzulässig erklärt, und Haddox behauptete, er habe von der Falle gewusst, und wollte seinerseits den Bauunternehmer verklagen, der ihn zu einer Straftat angestiftet habe. Die Geschworenen sprachen Maddox frei, auch weil sie die Zusammenarbeit zwischen Zeitung und Staatsanwaltschaft als dubios empfanden.

Das Ergebnis irritierte Gore – sein Gerechtigkeitsempfinden war schon einmal erschüttert worden, als der Vater nach der Schmierenkampagne seines Gegners den Senatssitz verloren hatte. Und nun die schwer nachvollziehbare Niederlage vor Gericht. Zu diesem Zeitpunkt konnte niemand ahnen, dass Gore eines Tages die wohl dramatischste gerichtliche Auseinandersetzung in der amerikanischen Politik verlieren sollte – den Streit um den Sieg bei der Präsidentschaftswahl 2000.

Das Urteil in Nashville löste eine für Gore typische Reaktion aus. Er wollte mehr wissen, er wollte die Sache im Detail verstehen – und im Detail bedeutete für Gore: Er wollte Jura studieren. Albert und Pauline, die Eltern, hatten seit langem die frühe Berufsphase des Sohnes mit Misstrauen begleitet. Sie wollten nicht, dass aus Al ein Zeitungsjournalist würde. Das Jurastudium dagegen entsprach ganz ihren Vorstellungen und Wünschen.

Nach seiner Rückkehr aus Vietnam hatte sich Gore für ein religionswissenschaftliches Studium eingeschrieben. Neben der Arbeit in der Redaktion verbrachte er in der Regel die Vormittage an der Vanderbilt-Universität. Allerdings blieb sein Eifer begrenzt. Lehrer und Mitstudenten zeichnen ein seltsames Bild: Einerseits zog Gore aus vielen Kursen wichtige Informationen – amerikanische Kirchengeschichte, östliche und westliche Mythologie, Theologie und Phänomenologie. Seine Arbeiten waren intellektuell anspruchsvoll, in manchen Kursen erhielt er auch gute Noten. Andererseits beendete er die Mehrzahl der Kurse gar nicht. „Er wusste, was er wollte, und er holte es sich“, sagte ein Freund. Der Dozent Eugene TeSelle erinnerte sich gut an den Studenten Gore, der unter seiner Anleitung Theologie und Naturwissenschaften in Einklang zu bringen versuchte. Später, als Umweltgewissen der Nation, gefürchtet wegen seiner naturwissenschaftlichen Detailkenntnisse, fiel Gore auch deshalb auf, weil er sich einer besonders religiösen Sprache bediente und den Schutzauftrag für die Erde gerne theologisch ableitete.

Im Herbst 1974, nach seiner journalistischen Niederlage vor Gericht, wechselte Gore an die Vanderbilt Law School und begann das rechtswissenschaftliche Studium. Inzwischen 26 Jahre alt, machte Gore aber auch hier keine Anstalten, systematisch auf ein Examen zuzuarbeiten. Zwar absolvierte er in den ersten Semestern überdurchschnittlich viele Kurse, Freunde aber berichten von einem größeren Interesse des jungen Mannes: Gore suchte Antworten auf zentrale politische Probleme, er arbeitete an umfassenden politischen Konstruktionen – sei es in der Sozialpolitik oder in Fragen der Abtreibung. Immer wieder haderte er mit dem Widerspruch von Moral und Opportunität, immer wieder fragte er sich, ob ein Politiker seine Wähler erziehen oder lediglich ihrem Willen folgen müsse. Und wenn schon der Wähler den Erkenntnissen der Politik nicht folgen will: Wie weit darf ein Abgeordneter sich verbiegen, um seinem Gewissen und seinen Wählern gerecht zu werden?

Die Gewissensfrage stellte sich auch ganz praktisch in dieser Zeit. Tipper und Al bewegten sich in Nashville in einem großen Freundeskreis. Die Stadt zog junge und intelligente Menschen aus dem ganzen Land an und genoss den Ruf hoher Liberalität. Musik, Drogen, politische Debatten – das Land war im Aufbruch, und zu Gores persönlichem Aufbruch gehörte wohl auch ein Flirt mit dem Rausch. In späteren Wahlkämpfen räumte er zwar immer ein, dass er nach seiner Rückkehr aus Vietnam Hasch geraucht habe. Details wollte Gore jedoch nicht preisgeben. John Warnecke, einer der engsten Freunde aus der Nashville-Zeit mit einer ähnlichen politischen Kindheitserfahrung und einem vergleichbar dominanten Vater, erzählte später, dass Al „etwa 200 Mal“ in seinem Haus Hasch geraucht habe. Warnecke versorgte den Freundeskreis mit Marihuana, seine Wohnung galt als sicher. Gore, so der Bericht des Freundes, soll immer wieder nervös die Vorhänge zur Seite geschoben haben, aus Furcht vor einer Entdeckung. Jedem angehenden Politiker war klar, dass eine Drogengeschichte die Wahlaussichten verringern würde.

Auch wenn Warnickes Darstellung übertrieben sein mag – Gores Drogenerlebnis war nicht zu widerlegen und sollte den Politiker später regelmäßig zu Wahlzeiten einholen.

Unterdessen beanspruchte auch das Familienleben den notorisch umtriebigen Gore. Tipper war schwanger und brachte am 6. August 1973 Tochter Karenna zur Welt, das erste von insgesamt vier Kindern. Tipper hatte gerade begonnen, an der Seite Als ein eigenes Leben aufzubauen. Die langen Arbeitsstunden ihres Mannes an der Universität und in der Redaktion, das exzessive Sozialleben ließen wenig Zeit für eine ausgiebig gelebte Zweisamkeit. Tipper Gore entdeckte ihr Interesse an der Fotografie und belegte einen Laborantenkurs. Der *Nashville Tennessean* hatte schließlich auch eine Teilzeitstelle für sie frei, was zumindest den Umgang mit dem Freundeskreis erleichterte – die sozialen Kontakte der Gores ergaben sich aus dem Zeitungsgeschäft. Außerdem belegte Tipper einen Master-Kurs in Psychologie. Nach den Erfahrungen mit ihrer labilen Mutter war ihr Interesse an dem Thema eher noch gewachsen. Freunde erkannten Zeichen einer Depression auch an ihr, als Al in Vietnam war. Später sollte sie das Thema ernster beschäftigen.

Als am Morgen des 27. Februar 1976 das Telefon bei den Gores klingelte, nahm das Leben, wenn auch nicht ganz überraschend, eine abrupte Wendung. Am Apparat war John Seigenthaler, der Chefredakteur des *Tennessean* und Freund der Familie. Seigenthaler war die Umwälzstation für alle politischen Neuigkeiten aus Tennessee. Er war der Königsmacher der Demokraten, die graue Eminenz, die alle um Rat fragten, die etwas werden wollten. Wie immer erfuhr Seigenthaler von wichtigen Entscheidungen zuerst. Und bei ihm, als Ratgeber Als, war klar, dass er an jenem Morgen nicht nur etwas mitzuteilen hatte, sondern auch gleich einen Auftrag erteilte: Der Kongressabgeordnete für den vierten Distrikt, Joe Evins, würde am Wochenende seinen Rückzug aus der Politik ankündigen, so Seigenthaler. „Du weißt, was ich denke“, sagte er noch. Al wusste es genau. Er legte den Hörer auf, sagte seiner Frau, dass er für den Kongress kandidieren werde, und sank auf den Boden, wo er wie besessen Liegestützen machte.

2. Lehrjahre eines Politikers – Abgeordneter, Senator und eine herbe Niederlage

Die Freunde beim *Tennessean* hatten bereits eine genaue Vorstellung. Al Gore, so die Weissagung, würde eines Tages zum Präsidenten gewählt werden, genauer: im Jahr 2008. Der Zeitplan war leicht zu kalkulieren – erst ein paar Jahre Repräsentantenhaus, dann der Senat, schließlich die Präsidentschaft. Auch Schwester Nancy war begeistert. Die politische Karriere des Bruders gab ihr die Möglichkeit, aus einem eintönigen Familienleben in Mississippi auszubrechen und dabei zu sein auf den Marktplätzen, in den Diskussionsrunden und in den Strategiesitzungen auf der Farm in Carthage, die zum Hauptquartier des Wahlkampfs umfunktioniert wurde.

Al Gore hatte einige Jahre zuvor das Nachbargrundstück der Farm seiner Eltern erworben und richtete nun dort seine Wahlkampfzentrale ein. Die jungen Helfer fuhren zum Mittagessen zu den alten Gores hinüber, wo die Familienköchin für den nötigen Kaloriengehalt und der Familienpatriarch Albert nebst Gattin für die richtige Dosis Taktik und Beziehungen sorgten.

Al hatte seine Eltern am Abend nach Seigenthalers Anruf in Florida aufgespürt und über seine Entscheidung informiert. Der Vater nahm es äußerlich gelassen, doch innerlich wird wohl ein Feuer entflammt sein. „Nun, ich werde dich wählen", versprach Albert seinem Sohn trocken. Doch das wichtigste Arrangement zwischen dem politischen Urgestein und dem Novizen musste erst noch ausgehandelt werden. Sechs Jahre zuvor, als Albert seine eigene Niederlage eingestand, sorgte er für einen denkwürdigen Abgang: „Die Wahrheit wird eines Tages wiederauferstehen", hatte er seinen Anhängern am

Wahlabend zugerufen. Allen Freunden war klar: Dieser Tag war nun gekommen, Albert würde Revanche nehmen wollen für die damalige Schmach und die unfaire Behandlung.

Albert junior wägte Chance und Risiko einer väterlichen Intensivbetreuung ab und kam zu einem eindeutigen Ergebnis: Sein Vater durfte keine öffentliche Rolle in der Kampagne spielen. „Ich muss meinen eigenen Mann stehen, ich muss ich selbst werden. Ich darf nicht dein Kandidat sein", erinnerte sich die Mutter später an die Schlüsselszene. Als ob er die Entscheidung öffentlich dokumentieren wollte, verzichtete Gore zu dieser Zeit auf den Namenszusatz „junior". Auch wenn er die inneren Bande zum Vater nicht kappen konnte, auch wenn er seine Prägung nicht ablegen würde – wenige Wochen vor seinem 28. Geburtstag war Al Gore sein eigener Herr.

Wie sehr die politische Erwartung auf ihm lastete, wurde Gore schon in den ersten Tagen nach seiner Entscheidung bewusst. Am 1. März, einem Montag, lud er ein paar Freunde und Reporter zum Gerichtsgebäude in Carthage, Symbol der Staatlichkeit im Smith County, um seine Kandidatur zu verkünden. Das alte Kolonialhaus aus rotem Backstein mit dem klassischen Südstaatendekor sollte dem Auftritt die nötige Würde und Größe verleihen. Von hier aus würde Gore im Laufe seines politischen Lebens noch viele Wahlkämpfe starten. Beim ersten Mal aber muss der Kandidat den Druck besonders intensiv gespürt haben. Kurz vor dem Auftritt entschuldigte er sich und zog sich zurück – er musste sich übergeben.

Gore kämpfte in einem Feld von neun demokratischen Bewerbern um die Nominierung für die Kongresswahl. Die Nominierung war entscheidend im vierten Distrikt. Ein republikanischer Kandidat hatte allemal keine Chance, wen die

Partei also auswählen würde, der würde auch nach Washington geschickt werden.

Der Wahlkampf zeigte vom ersten Moment an die Stärken und Schwächen, die für den Politiker Gore so typisch sein sollten. Seine Reden und öffentlichen Auftritte trieben den Mitarbeitern den Angstschweiß auf die Stirn, Gore war hölzern und kompliziert, er sprach nicht die Sprache der einfachen Leute. Ob er vor dem Rotary Club in Carthage auftrat oder Automechaniker an einer Tankstelle an der alten Staatsstraße 70 ansprach – immer wieder pflegte Gore den belehrenden, altväterlichen Stil, der so gar nicht zu einem 28-Jährigen passte. Die Körpersprache, der Tonfall, das Vokabular ließen nur einen Schluss zu: Dieser Mann fand keinen Gefallen am Wahlkampf, es fehlte ihm das Handwerkszeug.

Defizite pflegte Gore mit eisernem Willen zu bekämpfen, und so quälte er sich auch diesmal mit höchster Anstrengung durch die Tortur, nahm endlose Fahrten in die abgelegensten Winkel des Distrikts auf sich, unterdrückte seine durch die Schaukelfahrten im Auto ausgelösten Übelkeitsanfälle, trieb sich quasi zu sportlichen Höchstleistungen auf der Suche nach Wählerstimmen.

Inhaltlich erstaunte viele Freunde, dass aus dem liberalen Zeitungsschreiber Gore ein taktierender Politiker wurde, der offenbar keine Mühe hatte, der Stimmung im Staat gerecht zu werden. Homosexualität war mit einem Mal „unnormal", Abtreibung in allen Formen unmoralisch, und härtere Waffengesetze standen plötzlich nicht mehr auf seiner Agenda. Als ein Reporter des *Tennessean* Gore zu seiner Drogenvergangenheit befragen wollte, entzog sich der Kandidat und verhinderte, dass die Sache überhaupt thematisiert wurde. Später sollte ihm das nicht mehr gelingen.

Gore gewann die Nominierung denkbar knapp: Nach Auszählung der 115 000 abgegeben Stimmen lag er 3500 Voten vor seinem schärfsten Rivalen. Der eigentliche Wahltag im November war dann eine Formsache. Al Gore hatte seine erste Wahl gewonnen und war Mitglied des Repräsentantenhauses im US-Kongress. Das Ehepaar kehrte nach Washington zurück, das es sieben Jahre zuvor nach der Hochzeit verlassen hatten.

Im Repräsentantenhaus wurde Gore mit den bekannten Problemen konfrontiert: Sein Name eilte ihm voraus, sein Vater folgte in kurzem Abstand. Wie jeder *freshman* im House of Representatives suchte sich auch Gore Mentoren und einen wichtigen Ausschuss, der ihm Prominenz und Einfluss versprach. Aber die Lobbyarbeit des Vaters zeitigte wenig Erfolg. Wollte Gore ursprünglich in den Haushaltsauschuss einziehen, mitmischen bei der wundersamen Füllhornarbeit und die Budgetgelder über den Wahlkreis verteilen, so endete er im Ausschuss für Handel und Energie und in dessen Kontroll- und Untersuchungs-Unterausschuss. Für den einstigen Reporter sollte sich das als Segen erweisen. Im Washington der Nach-Watergate-Phase waren scharfe Hunde gefragt, die investigativen Spürsinn entwickelten und harte Faktenarbeiter waren.

Gore machte sich in den Anhörungen des Unterausschusses schnell einen Namen. Er ließ Fälle von Umweltverschmutzung, Missbrauch im Gesundheitssystem oder Kartellbildung im Uranhandel aufrufen, erwies sich als intensiv vorbereitet und war bald gefürchtet für seinen harten Fragestil. Gore arbeitete methodisch und gleichzeitig journalistisch. Als er von einem früheren Kollegen nach dem Unterschied zu seinem alten Reporterjob gefragt wurde, sagte er, ein Abgeordneter mache so ziemlich das Gleiche – „aber mit Vorladungsbefugnis“. Gore entwickelte in dieser Zeit auch eine hohe Eitelkeit und ein Gespür für die öffentliche Wirkung seiner Arbeit.

Der legendäre Ausschussvorsitzende John Moss, Abgeordneter aus Kalifornien und einer der Väter des Gesetzes zum Recht auf Informationsfreiheit, übertrug bald die Tagesarbeit an Gore, dessen beharrlicher und informierter Stil junge Abgeordnetenkollegen und vor allem die Mitarbeiter im Kongress beeindruckte.

Einer dieser hilfreichen Geister war Peter Knight, gerade mal 25 Jahre alt mit einem Wirtschaftsdiplom der Cornell-Universität in der Tasche. Knight hatte bereits Parlamentserfahrung, er leitete das Büro eines unlängst verstorbenen Kongressabgeordneten. Jetzt suchte er gezielt nach einem aufsteigenden Stern, und seine Wahl fiel auf Gore. Eines Morgens stand er im Büro des Abgeordneten und sagte, er wolle hier Stabschef werden. Gore war beeindruckt und stellte ihn ein. Gleichzeitig aber musste er dafür sorgen, dass die Nachricht nicht nach Tennessee drang. Noch ein Absolvent einer Eliteuniversität, noch ein Washingtoner Insider – das wäre zu viel gewesen für das Image des jungen Kongressabgeordneten, der immer wieder beweisen musste, dass er eigentlich aus dem ländlichen Tennessee stammte.

Gore sorgte sich so sehr um seine Verwurzelung, dass er in den ersten Abgeordnetenjahren außergewöhnlich häufig im Wahlkreis auftauchte. Üblicherweise nahm er Freitagnachmittag die Maschine nach Nashville und kehrte sonntags zurück – in der Zeit dazwischen absolvierte er Wahlkreistermine im Zwei-Stunden-Takt. Gore ließ von Mitarbeitern ein ausgeklügeltes Kontakt- und Ansprachesystem entwickeln, generalstabsmäßig plante er seine Präsenz in der Heimat – bis hin zur großen Distriktkarte an der Wand, auf der mit Fähnchen verzeichnet war, wo und wann der Kandidat den Wählern die Hand geschüttelt hatte. Was Gore durch Charisma oder rhetorische Kunst nicht erreichen konnte, wollte er mit harter Arbeit wettmachen. Noch einmal sollte seine Wahl in den nächsten sechs Jahren nicht so hart umkämpft sein.

In der zweiten Legislaturperiode entdeckte Gore ein völlig neues Thema, mit dem er sich einen Namen machen konnte: Rüstungskontrolle und die Nuklearbedrohung. Die Familie kolportiert gerne zwei Geschichten, die in dem jungen Abgeordneten die Berufung zu diesem Thema ausgelöst haben sollen. Gore traf 1980 im Wahlkreis auf eine Gruppe Mädchen, die von ihrer größten Furcht berichteten: einem Atomkrieg. Ob sie denn glaubten, dass man den Krieg politisch verhindern könne, wollte Gore wissen. Die Mädchen verneinten – sie waren fest davon überzeugt, in ihrem Leben einen Nuklearkrieg zu sehen.

Gore, der zu diesem Zeitpunkt bereits Vater von Karenna (1973), Kristin (1977) und Sarah (1979) war, will außerdem noch folgenden Traum gehabt haben: Eines Nachts wurde er geweckt mit der Botschaft, vor dem Haus liege eine Atombombe. Gore wollte die Waffe entschärfen, stand aber nur hilflos vor dem Zündmechanismus. Er brachte die Familie hinter der Mauer eines Räucherhauses in Deckung, ehe die Bombe in gleißendem Licht explodierte und alle Gores von der einstürzenden Mauer begraben wurden.

Gore ging das Thema – wie immer – systematisch und umfassend an. Bei den Mächtigen im Repräsentantenhaus erstritt er einen Sitz im Geheimdienstausschuss. Dann suchte er sich einen Tutor. Die Wahl fiel auf Leon Fuerth, einen zehn Jahre älteren wissenschaftlichen Mitarbeiter des Kongresses, der zuvor im Außenministerium gearbeitet hatte und als Fachmann für Rüstungs- und Verteidigungsfragen galt. Gore igelte sich mit Fuerth ein, und in Monaten intensiver Zusammenarbeit wurde nicht nur der Sicherheitspolitiker Gore geboren, sondern auch eine auf fachlichem Respekt basierende Freundschaft gegründet, die viele Jahre andauern sollte. Fuerth wurde einer der wenigen Mitarbeiter Gores, die nicht den manchmal quälenden Fragestunden, den Zornausbrüchen und dem unstillbaren Wissensdurst des Politikers ausgesetzt waren. Die Beziehung der Männer war von gegenseitigem Respekt getragen, bis zu den Tagen im Weißen Haus, als Fuerth als Sicherheitsberater des Vizepräsidenten diente.

Gore wollte schnell im großen Spiel um Rüstung, Atombedrohung und Nuklearschlagstheorien mitspielen – kein Thema beherrschte die außenpolitische Debatte in den letzten Carter-Jahren und der frühen Reagan-Präsidentschaft so sehr wie dieses. Berichte über die nukleare Hochrüstung, Kalkulationen um Erst- und Zweitschlagskapazitäten, technische Diskussionen um die Zahl der Sprengköpfe auf einer Langstreckenrakete, ihre Zerstörbarkeit und die besten Stationierungsorte der Flugkörper füllten die Zeitungsseiten. Der Rüstungswettlauf schien außer Kontrolle zu geraten in einem absurden Kampf der Supermächte um die schnellere und größere Vernichtungskapazität.

Gore griff ein zentrales Thema der Debatte auf und stützte darauf seine Initiative: Vertrauen. Wie sollten die Supermächte Vertrauen schaffen und den Rüstungswettlauf stoppen, wenn schon die technischen Gegebenheiten immer mehr Misstrauen erzeugten? Konkret ging es um die anstehende Entscheidung zur Erneuerung des amerikanischen Langstreckenarsenals. Die Falken wollten die Minuteman-Raketen durch MX-Raketen ersetzen, die bis zu zehn Sprengköpfe gleichzeitig tragen konnten. Gore setzte sich indes für den Austausch durch Midgetman-Raketen ein, die nur einen Sprengkopf tragen konnten. Sein Modell sollte Klarheit und Berechenbarkeit in der entscheidenden Frage bringen: Über wie viele Sprengköpfe verfügen die Blöcke? Gore versuchte die Falken auf seine Seite zu ziehen, indem er vorrechnete, dass die Midgetman-Rakete den USA einen strategischen Vorteil brächte: Das Land würde damit über so viele Raketen verfügen, dass die Sowjetunion sie niemals alle auf einmal in einem Erstschlag zerstören könnte. Es würden also genügend Raketen und Sprengköpfe für einen Gegenschlag bleiben – das zentrale Argument in der Abschreckung. Gleichzeitig könnte man aber auch eine Basis des Vertrauens schaffen und mit nachprüfbaren Zahlen Abrüstungsgespräche beginnen.

Die Initiative, die in Moskau für kurze Zeit Aufmerksamkeit erregte, wurde vom Weißen Haus nicht besonders ernst genommen. Aber Reagan brauchte die Stimmen einiger Demokraten im Kongress, um seine MX durchzusetzen. Also ging er zum Schein auf den Plan ein, wollte für eine Übergangszeit die MX-Raketen genehmigt wissen, um dann auf der Basis des Gore-Plans und mit Hilfe der Midgetman-Lösung Abrüstungsgespräche zu führen. Reagan überzeugte ausreichend viele Abgeordnete, der Kongress billigte seine Politik, aber das Versprechen löste der *Gipper* nie ein. Wenige Monate später sollte die Welt nur noch über die weltraumgestützte Raketenabwehr SDI sprechen – Reagan hatte sich selbst überboten.

Gore erhielt aus seiner Partei nicht geringe Prügel für seine Initiative, die er gegen den Rat erfahrener Sicherheitspolitiker betrieben hatte. Bis heute ist unklar, warum der relativ junge Abgeordnete glaubte, an dem großen Spiel der Rüstungspolitik einen derart substantiellen Anteil haben zu können. Nie war ihm aufgegangen, dass er von Reagan als Stimmvieh missbraucht werden könnte. Auch wenn die Midgetman-Episode am Ende wenig Auswirkung auf die Abrüstungspolitik und das Ende des Kalten Krieges hatte, so zeugte sie doch davon, in welcher Dimension der gerade 34-jährige Gore Politik zu machen gedachte – und dass er noch immer davon überzeugt war, dass die richtigen Entscheidungen schon gefällt würden, wenn sich alle Beteiligten nur über die Fakten einig wären.

Gores Mangel an taktischem Geschick und seine manchmal fast schon naive Offenheit sollten in seiner Auseinandersetzung mit der Tabakindustrie erneut sichtbar werden. Der Vorfall war noch prägender als die Midgetman-Episode, weil sie verknüpft war mit einem tragischen persönlichen Schicksal, das Gore erneut als zerrissene Persönlichkeit entlarvte.

Bei Gores Schwester Nancy wurde 1980 Krebs diagnostiziert. Nancy war zeitlebens eine starke Raucherin gewesen, und das Karzinom hatte die Lunge befallen. Die kritische Phase der Krankheit fiel zusammen mit der Kandidatur ihres Bruders für den Senat. Im Januar 1983 war es wieder einmal Chefredakteur Seigenthaler gewesen, der Al über seinen nächsten Karriereschritt informierte. Howard Baker, langjähriger Senator des Bundesstaates, plante seinen Rückzug aus der Politik und wollte 1984 nicht mehr antreten. Gores Kandidatur drängte sich geradezu auf.

Im Repräsentantenhaus kämpfte in dieser Zeit die Tabakindustrie gegen die Gesundheitslobby um jeden Quadratzentimeter Boden in der Gesetzgebung. Der Gesundheitsausschuss wollte ein Gesetz einbringen, das die Industrie zu drastischeren Warnungen auf den Zigarettenpackungen verpflichtete. Al Gore fand sich plötzlich umworben, obwohl er einen Staat mit starker Tabakindustrie vertrat und auf die Stimmen der Tabakfarmer baute. Gore ließ sich dennoch davon überzeugen, die Argumente der Gesundheitspolitiker zu vertreten – ob die Krankheit seiner Schwester dabei schon eine Rolle spielte, ist unklar –, und er verhandelte mit der

Industrie über Optionen auf dem Weg zu einem Gesetz. Die Industrie aber spielte falsch: Immer wieder zog sie Verhandlungsangebote zurück, umging Gore, suchte sich neue Allianzen und spielte auf Zeit, bis der mächtige Ausschussvorsitzende für Handel und Energie, John Dingell, nicht länger zusehen konnte, wie einer seiner Zöglinge der Lächerlichkeit preisgegeben wurde. Er setzte der Industrie ein Ultimatum, das Gesetz passierte beide Kammern des Kongresses und wurde im Oktober 1984 von Präsident Reagan unterschrieben – ein Meilenstein im sich verschärfenden Klima gegen die Tabaklobby. Gore aber wurde wieder einmal niedergemacht, weil er zu viel Vertrauen in den Gegner investiert und auf Fairplay gesetzt hatte. „Als Pokerspieler wünscht man sich Al Gore zum Gegner", sollte dies ein Mitarbeiter später kommentieren.

Der Gesundheitszustand der Schwester hatte sich seit 1980 rapide verschlechtert. Nancy Gore Hunger war immer so etwas wie das Gegenstück zu ihrem Bruder gewesen. Zehn Jahre alt bei seiner Geburt, entwickelte sie früh Mutterinstinkte, vor allem weil Pauline, die Mutter, häufig die Kinder alleine ließ. Nancy verweigerte sich den Erziehungsvorstellungen der Eltern. Schon in der Schule in Washington, mit 13 Jahren, begann sie zu rauchen, ein Studium schloss sie nie ab. Sie arbeitete im Hauptquartier des *Peace Corps* in Washington, fungierte als Kontaktperson und zog einen gewaltigen Vorteil aus ihrem persönlichen Netzwerk, das sie als Senatorentochter geknüpft hatte. Freunde beschrieben sie als umtriebig, sozial verknüpft, kommunikativ und nahbar. Sie tat sich leicht mit neuen Bekanntschaften, machte sich wenig Feinde und schritt durchs Leben mit einer Leichtigkeit, die ihren Eltern und vor allem ihrem Bruder nicht gegeben war.

Nancy folgte keiner Konvention, rebellierte immer gegen den Vater, den sie abschätzig „den Baptisten“ nannte. Sie weigerte sich, seine Ratschläge anzunehmen, und verfolgte stattdessen ihre eigenen Pläne, die auch sie an die Vanderbilt-Universität brachten. Dort lernte sie 1959 den jungen Luftwaffenpiloten Frank Hunger kennen, aber erst 1964 waren die beiden ein Paar, 1966 wurde geheiratet. Hunger war Anwalt, ein aufstrebendes Mitglied einer großen Kanzlei in Greenville, Mississippi, seinem Heimatstaat. Nancy zog mit ihm in den tiefen Süden – ihre schlechten Angewohnheiten nahm sie mit. Die Zigaretten waren für sie zur Sucht geworden, auch ihr Alkoholkonsum überstieg das normale Maß. Freunde waren erschüttert, wie sie in den folgenden Jahren an der Seite ihres Mannes in sich zusammenfiel. Das Paar konnte keine Kinder haben, und Frank sah – anders als Nancy – keine Zukunft außerhalb Mississippis, etwa in Washington.

Nach der Diagnose 1980 verschlechterte sich ihr Gesundheitszustand rapide. Nancy Gore Hunger begann 1983 eine Therapie in Nashville und suchte die Nähe zu Al, an dessen Eröffnungsveranstaltung für den Senatswahlkampf 1984 sie noch teilnahm. Am 11. Juli starb sie in ihrem Elternhaus in Carthage – den Mann und den Bruder, den sie immer Bo nannte, an ihrer Seite.

Al Gore thematisierte den Tod nie – bis zum Jahr 1996, als er in Chicago die Nominierung seiner Partei für die zweite Runde der Präsidentschaft an der Seite Bill Clintons annahm. Zu dieser Zeit war die Auseinandersetzung der Politik mit der Tabakindustrie auf ihrem Höhepunkt angekommen und Gore verkaufte das Schicksal seiner Schwester als Beispiel für die Taten der skrupellosen Lobbygruppen. Die Rede war ein grandioser Misserfolg. Gore wurde angegriffen. Kritiker meinten, er habe das Schicksal seiner Schwester ausgeschlachtet und ihr Leben eindimensional als von der Nikotinabhängigkeit bestimmt gezeichnet. Schlimmer noch: Plötzlich wurde Gore gefragt, warum er nicht früher so deutlich Position bezogen habe. Schließlich hatten die Gores bis 1991 selbst Tabak angebaut, und es soll Gores Sohn Albert III. gewesen sein, der im zarten Alter von vier Jahren den Großvater mit einem radikalen Satz zur Aufgabe im Tabakgeschäft bewegte: „Opa, ist das die Pflanze, an der Tante Nancy gestorben ist?“

Bei einem Leben in der Öffentlichkeit bleibt es nicht aus, dass moralische und sachliche Zwänge kollidieren und Politiker Widersprüche aushalten müssen zwischen den eigenen Ansprüchen, den Wünschen der Wähler und den Forderungen der Lobby. Nirgendwo war der Druck stärker für Gore als beim Thema Tabak, und nie handelte er offensichtlicher entgegen seinem Gewissen und seinem Gefühl als nach dem Tod seiner Schwester.

Das tragische Ereignis durfte die Senatskampagne nicht entgleisen lassen. Nach der Beerdigung Nancys auf dem weitläufigen Grundstück der Familie fuhr Gore wieder hinaus zu den Wählern. Seinem Aufstieg in den Senat stand wenig im Weg. Tennessee wählte nach wie vor zuverlässig demokratisch, seine Erfahrung verschaffte ihm einen klaren Vorteil gegenüber dem republikanischen Gegner. Im November 1984 wurde Al Gore mit 61 Prozent der Stimmen zum Senator des Bundesstaates Tennessee gewählt, seit 25 Jahren hatte kein Kandidat eine so hohe Zustimmung erreicht. Albert Gore, der Vater, hatte auf diesen Moment gewartet. Als Al nach Washington zurückkehrte, um den neuen Platz in der oberen Kammer einzunehmen, brachte er ein Möbelstück mit: den Stuhl, auf dem Albert 16 Jahre lang im Senat gesessen hatte.

Im Senat fühlte sich Gore deutlich weniger heimisch als im Repräsentantenhaus. Selbst 14 Jahre nach seiner Abwahl wehte noch der Geist des Vaters durch die Hallen, viele der Kollegen des alten Herren saßen noch auf ihren Plätzen und Al Gore hatte besondere Schwierigkeiten mit dem clubartigen Charakter der Kammer, in der Seniorität mehr zählte als Sachverstand.

Al nahm sich zunächst eines Themas an, das ihm auch im Repräsentantenhaus nationale Aufmerksamkeit eingebracht hatte: die Live-Übertragung aus der Kammer. Gore war der erste Repräsentant, dessen Auftritt im Plenarsaal vom Parlamentskanal übertragen worden war. Der Senat stimmte schließlich dem gleichen Arrangement zu. Wirklicher Einfluss aber blieb ihm zunächst verwehrt. Die Republikaner hielten noch die Mehrheit im Senat und die alten Herren sorgten dafür, dass der nassforsche Mann aus Tennessee zwar sein Mütchen kühlte, aber nicht über die Stränge schlug.

Die Aufmerksamkeit der Medien wurde Gore über einen Vorgang zuteil, den er selbst nicht steuern konnte. Tipper hatte sich in all den Washingtoner Jahren von der Politik ferngehalten. Tatsächlich war sie eine alleinerziehende Mutter von vier Kindern – Al galt immer als Workaholic, der seine Zeit für die Familie genauso exakt und sparsam verplante wie die für Treffen mit den Mitarbeitern. Tipper hatte ihren Fotografenjob aufgegeben (sich gleichwohl ein Fotolabor im Keller eingerichtet) und fand schließlich Anschluss an eine Gruppe von Frauen, die mit ihr dasselbe Schicksal teilten.

Um die Jahreswende 1984/85 traf es sich, dass sowohl im Haushalt der Gores als auch in dem von Susan und James Baker, dem Finanzminister Reagans, gewalt- und sexverherrlichende Musik diskutiert wurde. Tipper Gore und Susan Baker ergriffen die Initiative und gründeten das *Parental Music Resource Center.* Zwei Wochen später landete ein Brief auf dem Schreibtisch des Präsidenten der Vereinigung der Amerikanischen Plattenindustrie, in dem 16 Frauen von Senatoren und Abgeordneten ein System der Selbstkontrolle forderten. Ähnlich wie in der Filmindustrie sollte die Musikbranche durch eine Kategorisierung deutlich machen, ob ein Musikstück jugendgefährdend sei oder nicht.

Der Initiative wurde eine sensationelle Aufmerksamkeit zuteil. „Die Frauen von Washington", wie die Gruppe schnell genannt wurde, beherrschten die Talkshows. Die Mischung war einfach zu attraktiv: Hier die vermeintlich spießigen, verknöcherten Kongressgattinnen, die sich um das Seelenheil ihrer allemal behüteten Söhne und Töchter sorgten, dort das brodelnde Leben, die Rocklegenden, die Künstler, die ihre Freiheit zu verteidigen hatten. Tipper Gore gegen Prince – das war ein dankbarer Stoff.

Jeder Versuch der Plattenindustrie, die Konfrontation elegant abzubiegen und auf dem Verhandlungsweg ein gesichtswahrendes Ergebnis für beide Seiten zu erzielen, schlug fehl. Die Gruppe aus Washington verlangte ein Klassifizierungssystem – die Plattenindustrie argumentierte vergeblich, dass es unmöglich sei, 25 000 Neuveröffentlichungen pro Jahr nach einem vernünftigen System zu bewerten.

Die Konfrontation erlebte einen Höhepunkt, als der Senat eine Anhörung zu dem Thema anberaumte, bei der niemand geringeres als Frank Zappa und Dee Snider von den *Twisted Sisters* geladen wurden. Zappa fuhr das ganze Arsenal aus dem Bereich Kunst- und Redefreiheit auf, prangerte moralische Qualitätskontrolle christlicher Kreise an und steigerte sich in den Vorwurf, dass die Washingtoner Frauen eines Tages verlangen könnten, dass alle jüdische Künstler ein gelbes „J" auf ihre Werke aufkleben müssten. Snider verwickelte Al Gore in einen Schlagabtausch über dessen sexuelle Neigungen. Wirklich erfreulich war der Tag für den Senator nicht.

Die Episode aus dem Frühjahr 1985 sollte lange nachhallen. Tipper Gore wurde ihr Image als Rock-Zensorin nie mehr los, obwohl sie schon bald ein Rückzugsmanöver nach dem anderen einleitete und sich schließlich von dem Komitee verabschiedete, das einst die Lawine losgetreten hatte. Ihr öffentliches Image wurde massiv deformiert. Von einer Zeitschrift als „Arschloch des Monats" beschimpft, abgestempelt als ideologisierendes Südstaatenheimchen, suchte sie wieder Schutz in der Anonymität. Auch ihr Buch über die Erziehung von Kindern in einem schwierigen Medienumfeld („Raising PG Kids in an X-rated Society") vermochte die Wogen nicht zu glätten, obwohl sie ihre lauteren, wenn auch naiven Absichten darin verteidigte. Tipper war voll ins Kreuzfeuer der Kulturkrieger geraten – ein Schlachtfeld, das ihr Mann bei den traditionell heiklen Themen Waffenkontrolle oder Abtreibung immer zu meiden suchte.

Ganz aus der Politik zurückziehen konnte sich Tipper Gore jedoch nie. Aber sie hatte ihre Lektion gelernt. Der Schutz der Kinder vor pornografischen oder gewaltverherrlichenden Bildern und Texten blieb ihr ein Anliegen. Aber mehr noch kümmerte sie sich im Stillen um eine Gruppe von Menschen, deren Probleme sie nur zu gut kannte – aus der eigenen Familie, aus dem Studium, aus persönlicher Erfahrung: Psychisch Kranke, Schizophrene, geistig verwirrte Menschen. Selbst als Gattin des Vizepräsidenten war sie anonym in den Straßen Washingtons unterwegs, um Obdachlosen zu helfen.

Viel Zeit blieb den Gores allemal nicht, ihre Wunden zu lecken. Der Präsidentschaftswahlkampf 1988 nahte und Al fand sich plötzlich mit der Frage konfrontiert, ob er im zarten Alter von 39 Jahren eine Kandidatur wagen sollte. Nicht er selbst war es, der sich diese Frage stellte. Es war wieder einmal Albert senior, der – über die Weihnachtstage 1986 – den Sohn zur Seite nahm und ihn über seine Erwartungen informierte: „Bevor ich sterbe, will ich dich im Weißen Haus sehen."

Der Weg zur Kandidatur folgte einer seltsamen Logik. Das demokratische Bewerberfeld für 1988 war nicht beeindruckend, der beliebte Gouverneur Cuomo aus New York hatte sich gegen eine Kandidatur entschieden. Mit im Rennen waren neben anderen Gores ewiger Rivale Richard Gephardt, ebenfalls Senator aus dem Süden, der schwarze Bürgerrechtler Jesse Jackson und die Gouverneure Michael Dukakis und Gary Hart. Gore hielt sich seine Jugendlichkeit zugute und phantasierte, dass alle paar Jahre ausgesprochene Jungtalente in das höchste Amt gewählt würden – der Kennedy-Mythos war fest in seinem Kopf verankert. Entscheidend für seine Entscheidung aber war die finanzielle Unterstützung. Eine Gruppe von reichen Wahlkampffinanziers der Demokraten hatte Gore in einer Art Schaulauf als amtstauglich ausgemacht und versprach, die Vorwahl zu finanzieren. Für Gore war diese Zusage so entscheidend, dass er darüber komplett vernachlässigte, was eigentlich seine Botschaft an die Wähler sein sollte, und, viel wichtiger: wie er diese Botschaft in dem riesigen Land an den Mann bringen wollte. Im April 1987 kündigte er seine Kandidatur an, im Juni begann der eigentliche Wahlkampf – mal wieder auf den Stufen vor dem Gerichtsgebäude in Carthage, mal wieder mit einer viel zu langen und viel zu unstrukturierten Rede.

Die wenig erfahrene Wahlkampfmannschaft kämpfte in der frühen Phase mit immer gleichen Problemen. Sie hatte zu wenig Unterstützung vor Ort in den Schlüsselstaaten Iowa und New Hampshire, und die Botschaft ihres Kandidaten war verwirrend. In der Sicherheitspolitik legte sich Gore auf einen strammen Kurs fest, wohl wissend, dass die Demokraten im Süden die Linie gutheißen würden, während er bei den Aktivisten im Nordosten auf Schwierigkeiten stoßen würde. Er präsentierte sich als Anwalt der Arbeiter, dann brillierte er mit Umweltthemen und versprach, Menschen auf den Mars zu bringen.

Der erste Test in der Kampagne stand für November 1987 an, als das Drogenthema ins Zentrum des öffentlichen Interesses rückte. Zwei Tage lang kämpfte Gore mit sich und seinem Vater, der über die Marihuana-Erfahrungen nicht informiert gewesen war und entsetzt auf die Unvorsichtigkeit seines Drillknaben reagierte. Gore trat schließlich an die Öffentlichkeit und gab seine Version der Episode zum Besten: Ja, er habe Hasch geraucht, unmittelbar nach Vietnam und begrenzt auf ein paar wenige Episoden. Die Freunde aus Nashviller Tagen hielten weitgehend dicht, das Ausmaß der Drogenphase wurde nicht vor 1999 bekannt, als der alte Kumpel Warnecke, von psychischen Belastungen und familiären Schlägen gezeichnet, auspackte und sagte, er könne es nicht länger mit seinem Gewissen vereinbaren, Freund Al zu decken.

Gores Vorwahlkampf war ein einziger Hase- und-Igel-Wettbewerb. In den frühen Vorwahlstaaten hatte der Kandidat aus dem Süden keine Chance, in Iowa trat er gar nicht erst an. Am meisten erhoffte er sich von den Abstimmungen im Süden des Landes, wo er den Rivalen Gephardt mit persönlichen Angriffen aus dem Rennen warf und sich am Ende ein Duell mit Jackson lieferte. Dann kam der mittlere Westen, wo Gore wieder schlecht abschnitt und nie als erster durchs Ziel ging. Alle Hoffnung ruhte schließlich auf der Vorwahl im Bundesstaat New York. Hier würde sich entscheiden, ob die Wähler den jungen Mann wollten.

Gore hatte sich in eine erbitterte Auseinandersetzung mit Jackson begeben, der 1988 mit seiner Predigernatur schwarze Wähler hinter sich versammelte und das demokratische Lager polarisierte. In New York musste sich das Rennen entscheiden, und Gore war euphorisch gestimmt, als Bürgermeister Ed Koch seine Kandidatur offiziell unterstützte. Doch Koch sollte sich als Belastung erweisen. Der Bürgermeister war mit rassistischen Ausfällen aufgefallen, seine Verbalattacken gegen Schwarze und seine plumpe Umschmeichelung der jüdischen Wähler schadeten Gore. Schon Tage vor der Wahl war klar, dass die Entscheidung gefallen war. Gore wurde Dritter hinter Dukakis und Jackson. Die Kampagne war gescheitert.

Am Ende hatte Gore sieben Bundesstaaten und dreieinhalb Millionen Wählerstimmen gewonnen, er verfügte über 400 Delegiertenstimmen auf dem Nominierungsparteitag und war zu einer national bekannten Figur aufgestiegen. Der dunkelblaue Anzug und die rote Krawatte wurden zum Markenzeichen eines Mannes, der immer älter wirken wollte, als er es tatsächlich war. Im Kern hatte Gore dieselben Eigenschaften gezeigt, die ihn später noch einmal die Präsidentschaft kosten sollten: Er war zu hölzern, zu distanziert, zu emotionslos, ohne Botschaft. Gore hatte das Abenteuer Präsidentschaftskandidatur grandios unterschätzt. Für viele politische Profis war er eine lächerliche Figur, die ihren Platz noch nicht gefunden hatte. Gore selbst gab später zu, dass er 1988 die Tragweite einer Präsidentschaftskandidatur nicht erkannt habe, dass es einfach zu früh war für das hohe Amt. Drei Wochen vor dem Ende des Wahlkampfs wurde Gore 40 Jahre alt. Er stand vor seiner ersten Lebenskrise.

Die Niederlage im Vorwahlkampf, die Kritik über Stil und Inhalt der Kampagne setzten Gore mehr zu, als er öffentlich zugeben wollte. Wie üblich trat er zunächst die Flucht nach vorne an, schaffte in Rekordzeit das Defizit aus der Wahlkampfkasse in Höhe von zwei Millionen Dollar aus der Welt und kehrte in das Senatsgeschäft zurück. Er initiierte ein Gesetz, das wichtige rechtliche und technische Voraussetzungen für die Einrichtung des nationalen Datennetzwerkes schuf – eine weitsichtige Maßnahme, die ihm später zu Unrecht viel Spott einbrachte, als er sich selbst ein wenig angeberisch als „Erfinder des Internets" pries. Gore, der dem Wissenschaftsausschuss angehörte und eine große Faszination für Zukunftsthemen entwickelte, hatte früh die Bedeutung der Informationstechnologie erkannt. Er sorgte für die Öffnung des militärischen Datennetzes und für die Finanzierung seines Ausbaus und teilte dem Senat mit, dass die Terminals des Netzes bald in jedem Haushalt und jedem Betrieb zu finden sein würden.

Am 3. April 1989, einem Montag, verlangte das Schicksal von Gore endgültig seinen Preis. Tipper und Al fuhren mit ihrem Sohn Albert, sechs Jahre alt, und Freunden aus der Nachbarschaft zum Baseball nach Baltimore. Die Orioles gewannen ihr Saison-Eröffnungsspiel und die Menge strömte zufrieden aus dem Stadion. Plötzlich riss sich Albert von der Hand seines Vaters los und lief unvermittelt auf die Straße, wo er von einem Auto erfasst wurde. Der Junge wurde mehrere Meter durch die Luft geschleudert, schlitterte noch über den Asphalt und zog sich dabei schwere Brüche, innere Verletzungen und Brandwunden zu. Al, der als Erster bei ihm war, glaubte, sein Sohn sei tot. Schnell versammelte sich eine Menge am Unfallort und zwei zufällig anwesende Intensivschwestern aus dem Johns-Hopkins-Universitätskrankenhaus nahmen sich des Jungen an. Ohne ihre schnelle Hilfe hätten Alberts Chancen schlecht gestanden.

Albert überlebte den Unfall. Nach Wochen im Krankenhaus, mehreren Operationen und der geduldigen Fürsorge seiner Familie wurde er wieder gesund. Sein Vater verbrachte mehrere Wochen am Krankenbett und ließ die Arbeit im Senat solange ruhen. Dieses Erlebnis, so Gore, veränderte sein Leben. Die Familie wurde aus dem hochtourigen politischen Betrieb gerissen und gezwungen, auf sich selbst zu achten. Gore, so sagen seine Mitarbeiter heute, habe sich danach verändert, sei weniger fordernd und gleichzeitig zugänglicher geworden.

Dies war die Zeit, in der er sich stärker mit dem Sinn des Lebens, den wichtigen Themen für sich und seine Kinder und auch mit Tipper beschäftigen sollte. Tipper Gore war nach der Wahlkampfanstrengung und dem Unfall ihres Kindes ausgelaugt. Etwa zehn Jahre später berichtete sie von der Depression, mit der sie nach dem Unfall gerungen habe. Die erbliche Vorbelastung, der Druck im Alltag und die Todesnähe ihres Sohnes waren einfach zu viel geworden. Gore selbst erlaubte in einer berühmt gewordenen Graduiertenansprache fünf Jahre später an seiner alten Alma Mater in Harvard einen seltenen Einblick in seine Seelenlandschaft: „Ich weiß nicht, welche Barrieren in meiner Seele mich davon abgehalten haben, emotional diese simple Verbindung zu anderen zu verstehen."

Als sein Leben aus der Balance zu geraten schien, gab sich Gore eine disziplinierende und fordernden Aufgabe: Er wollte ein Buch schreiben. Ein Buch über das Thema, das ihn am meisten bewegte, und bei dem er die größte Emotionalität verspürte. Ein Buch über den Klimaschutz und die Umwelt – vielleicht auch ein Buch über sein Lebensthema: „Wege zum Gleichgewicht".

3. Die Reifeprüfung – ein mächtiger Vizepräsident und ein Präsident auf Abwegen

„Earth in Balance“ war kaum auf den Markt gekommen, da wurde Al Gore zum gefragten Vortragsreisenden. Statt auf Stimmenfang ging er diesmal auf Buchtournee – im Winter 1990/91 eine mehrdeutige Angelegenheit. War Gore, der Kandidat, etwa schon wieder im Land unterwegs, um die Stimmung zu testen? Wollte er spüren, wie es um seine Unterstützung stand? War das vielleicht schon der verdeckte Vorwahlkampf zum Vorwahlkampf?

Im Weißen Haus regierten derzeit George Bush und als Vizepräsident Dan Quayle, der in der Öffentlichkeit eher eine Lachnummer abgab. Für einen demokratischen Bewerber war die Kandidatur 1992 also gar nicht so aussichtslos. Bush hatte zwar den unpopulären ersten Golfkrieg begonnen (zu dem Gore gegen den Mehrheitswillen seiner Partei seine Zustimmung als Senator erteilt hatte), aber der Präsident beendete den Waffengang auch schnell wieder, nachdem er Saddam Hussein aus Kuwait vertrieben hatte. Zuhause kämpfte Bush mit sinkenden Zustimmungsraten, weil es mit der Wirtschaft des Landes bergab ging und er – entgegen seinen hochheiligen Versprechungen – die Steuern anheben musste.

Für Gore war die Verlockung erneut groß. Er hatte seine Erfahrung mit dem Präsidentschaftswahlkampf gemacht, er war ein gefragter Bestsellerautor, im Senat wurde es ihm allmählich langweilig und das Feld der Konkurrenten bei den Demokraten schien auch diesmal nicht berauschend. Aber Gore hatte privates Lehrgeld zahlen müssen. Nach dem Unfall seines Sohnes tat er öffentlich den Schwur, sich vermehrt der Familie zu widmen – doch die Familie widersetzte sich.

Tipper soll es gewesen sein, die ihn letztlich, während eines Hausboot-Urlaubs im Sommer 1991, von der Kandidatur abbrachte. Später sagte Gore in einer Talkshow, dass er wohl niemals eine bessere Chance gehabt hätte Präsident zu werden als im '92er Wahlkampf.

Der Mann aus Carthage und der Mann aus Hope kannten sich flüchtig – wie sich nahezu Gleichaltrige mit großen Ambitionen aus derselben politischen Partei eben kennen. Bill Clinton spielte nie wirklich eine nationale Rolle – er galt als erfolgreicher Babyboom-Gouverneur aus Arkansas, dem Provinzstaat im Süden. Er war der Wortführer der neuen Demokratengeneration, die außerhalb Washingtons heranwuchs. Und Al Gore – nun, Al Gore war geprägt von der Wahlkampftortur des Jahres '88, die sich Clinton bewusst nicht angetan hatte, weil er seine Chancen zu diesem Zeitpunkt ganz richtig als äußerst gering eingeschätzt hatte.

Obwohl sie derselben Generation angehörten und beide aus dem Süden stammten, hätte ein politisches Paar nicht unterschiedlicher sein können. Clinton war ein emotionsgetriebener Politiker. Er galt als impulsiv und wissbegierig, aber wenig systematisch. Er konnte wunderbar schwadronieren und begnügte sich bei der Vorbereitung wichtiger Reden mit wenigen Stichworten. Clinton kam aus ärmlichen, provinziellen Verhältnissen. Sein Vater, ein Filou, starb vor seiner Geburt bei einem Autounfall. Die Mutter, eine herzensgute Frau, heiratete erneut – einen Trinker und Gewalttäter, vor dem Bill die Familie schützen musste. Clinton war einerseits Sohn, andererseits Familienvorstand. Er war schnell erwachsen und wollte allen zeigen, dass er aus eigener Kraft ein besseres Leben erreichen konnte. Fast schon folgerichtig heiratete er eine betont rationale und mit ihren Emotionen geizende Frau – das wandelnde schlechte Gewissen für einen disziplinlosen und ungestümen Mann.

Al Gores Eltern waren entsetzt über diesen Bill Clinton. Auch wenn sie es zunächst nicht zeigten, so schauten sie aufgrund seiner Herkunft auf ihn herab. Es wunderte sie nicht, dass dieser Mann sich verhedderte in den drei gefährlichsten politischen Fallstricken: Sex, Drogen und Umgehung des Militärdienstes. Hillary Clinton mochte ihrerseits Gore nicht, den sie immer im Verdacht hatte, ihren Mann zur Seite drängen zu wollen, und der in ihren Augen mit jeder Faser seines Körpers nur eine Botschaft verbreitete: Ich wäre der bessere Präsident gewesen.

Am 30. Juni 1992 – Clinton hatte die Vorwahlen der Demokraten gewonnen und stand kurz vor der Nominierung durch seine Partei – kam es zu der entscheidenden Begegnung der beiden. Gore wurde in einem unauffälligen Wagen an seinem Washingtoner Senatsbüro abgeholt und durch die Stadt in die Tiefgarage des Hilton gefahren. Unbemerkt gelangte er über einen Angestelltenfahrstuhl in die Suite Clintons. Es war zehn Uhr abends, die Männer sollten eigentlich nur eine Stunde miteinander verbringen. Gore verließ das Hotel schließlich morgens um zwei. Bei aller Unterschiedlichkeit hatten beide festgestellt, dass sie die Lust am Politisieren, die Freude an der Strategie, die Besessenheit von Informationen und viele politische Ziele teilten. Mehr noch: Es entstand so etwas wie Sympathie.

Clinton schätzte an Gore, dass er sicherheitspolitische Erfahrung (und seine Vietnam-Biografie) in die Kampagne einbrachte, dass er als solide und verlässlich galt, auch als Familienvater. Gore bewunderte in Clinton die Emotionalität, die Begabung zum Menschenfischer. Der gängige Witz der Mitarbeiter ging so: Für Bill ist jeder Besucher der gerade wichtigste Mensch seines Lebens. Bei Al ist immer nur Al der wichtigste Mensch im Leben. Das politische Paar hatte sich gefunden: Der eine ganz Instinkt und rohe politische Kraft –

der andere kopfgesteuert und den hölzernen Kern nur mühsam kaschierend.

Clinton ließ sich noch einige Tage Zeit mit der Entscheidung, wer an seiner Seite in den Wahlkampf ziehen sollte. Am Ende war es möglicherweise der Gore-Freund und frühere Universitätsdozent Martin Peretz, der Clinton gegenüber die entscheidende Bemerkung machte: Gore werde ihm niemals das Messer in den Rücken rammen.

Clinton, der Nachtmensch mit dem geringen Schlafbedürfnis, rief am 8. Juli eine halbe Stunde vor Mitternacht in Carthage an, wo die Familie Gore und der Beraterstab schon gespannt auf die Entscheidung warteten. Die Eltern erfuhren die Nachricht morgens um vier aus dem Fernsehen: Albert Gores Traum war für seinen Sohn in Erfüllung gegangen. Er kandidierte für die Vizepräsidentschaft und hatte gute Aussichten, in das Weiße Haus einzuziehen.

Die Personalie Gore verhalf der Clinton-Kandidatur zu dem ersehnten Boom in den Umfragen. Als der Parteitag in New York am 16. Juli das Kandidatenpaar krönte und der unabhängige Bewerber Ross Perot (vorübergehend) aus dem Rennen ausstieg, da lag der amtierende Präsident Bush in den Umfragen mit 20 Punkten zurück. Das Kandidatenpaar Clinton–Gore startete nach dem Parteitag zu einem Triumphzug – per Bus in den Mittleren Westen, wo sich die kritischen Bundesstaaten fanden und die Wechselwähler gewonnen werden mussten. Mit an Bord waren auch die Gattinnen und die wichtigsten Berater beider Politiker. Nach außen hin war es eine Show der Eintracht, ein Familienausflug glücklicher Paare – im Inneren aber brodelte es heftig.

Clintons Mannschaft war nicht erbaut über die Omnipräsenz des Vize. Sie fürchtete, Gore könne zu stark mitreden wollen und dem Kandidaten die Show stehlen. Allerdings verstand Gore seine Rolle anders, als es die Tradition kannte. Er hatte Clinton klargemacht, dass er als ebenbürtig behandelt werden wollte. Er würde keinen zeremoniellen Vizepräsidenten abgeben, sondern inhaltlich mitarbeiten. Gore sah seine Rolle im Zentrum der Politik, in der Nähe Clintons – nicht in den Hinterzimmern oder bei den Fundraising-Essen, wo es Spenden für den Wahlkampf einzutreiben galt.

Clintons Mannschaft und besonders Hillary waren mit diesem Arrangement alles andere als glücklich. Die daraus resultierenden Differenzen überschatteten den Wahlkampf gleichwohl nicht. Lediglich als Gore in der Fernsehdebatte der Vizepräsidentschaftskandidaten versäumte, Clinton wegen seiner Frauengeschichten und seines Privatlebens in Schutz zu nehmen, wurde die Stimmung eisig. Erst am Ende der Präsidentschaft, acht Jahre später, sollten die Differenzen vor allem zwischen Hillary und Al Gore offen zutage treten. Sie waren all die Jahre hindurch hinter den Mauern des Weißen Hauses weitgehend verborgen geblieben.

Gore gab wie immer seine Stimme in der Fork River School in der Nähe von Carthage ab. Ein heftiger, viermonatiger Wahlkampf endete. Für einen Moment konnte Gore durchatmen auf der Farm am Fluss. Aber schon am Abend saß er wieder im Flugzeug, um sich in Little Rock an der Seite von Bill Clinton als neuer Vizepräsident der Vereinigten Staaten feiern zu lassen.

Die Vereidigungszeremonie vor der Kulisse des Kapitols in Washington bot ein Bild der Harmonie und des Neubeginns. Zum ersten Mal stand eine neue Generation dem Land vor, die Babyboomer hatten die Macht übernommen. Die vom Zweiten Weltkrieg gezeichnete Führungsriege trat ab. Gore schwor den Amtseid und legte dabei seine Hand auf die Bibel, die einst seiner Schwester Nancy gehört hatte.

Hinter den Kulissen aber brodelte es. Gore hatte sich schon in der Übergangsphase massiv in die Geschäfte eingearbeitet. Er bezog eine Hotelsuite in Little Rock und steuerte den personellen Aufbau der Regierung mit. Wichtige Vertraute aus seiner Umgebung, darunter auch sein Schwager Frank Hunger, wurden in der Verwaltung untergebracht. Bezeichnend war, dass Gore mit Clinton einen Vertrag ausarbeitete, in dem die beiden die Amtsgeschäfte regelten. Das Dokument zeugt von der Absicht, dem Vizepräsidenten ein bislang nicht da gewesenes Maß an Einfluss und Zugang zu den Amtsgeschäften zu ermöglichen. Gore wollte das Papier nicht als Beleg des Misstrauens sehen – vielmehr sollte es dem großen Apparat signalisieren, dass dieser Präsident und sein Stellvertreter ein neues Machtarrangement getroffen hatten, wie es Washington zuvor noch nie gesehen hatte.

Clintons Vertraute reagierten säuerlich, aber Gore verfolgte sein Ziel mit Sturheit und detektivischer Akribie: Einmal pro Woche bestand er auf einer ausführlichen Unterredung mit dem Präsidenten, gewöhnlich zum Mittagessen. Und sein Frühwarnsystem im Westflügel des Weißen Hauses ließ ihn sofort wissen, wenn eine wichtige politische Initiative ohne sein Zutun den Weg ins Oval Office fand. Gore ging sogar so weit, in Besprechungen hineinzuplatzen, zu denen er gar nicht eingeladen worden war.

Zu Clinton entstand bald ein Verhältnis, das sich selbst die Clinton-Getreuen zunutze machten. George Stephanopoulos, zunächst das jugendliche, öffentliche Gesicht der neuen Regierung, später nur noch Berater im Hintergrund, berichtete, dass Gore als Einziger dem Präsidenten unbequeme Wahrheiten sagen konnte. Clinton war berüchtigt für seine cholerischen Ausbrüche, auch wenn er nicht nachtragend war. Gore hatte genügend Autorität und gleichzeitig eine leichte Art, Clinton seine Schwächen aufzuzeigen.

Allerdings war gerade das Verhältnis zu Stephanopoulos schwer gestört. Wie rivalisierende Geliebte buhlten Gore und er um den Zugang zum Präsidenten und am Ende um ihre Macht. Denn, wie Stephanopoulos schrieb: Wer viel weiß, der hat das Ohr des Präsidenten; wer das Ohr hat, bekommt viel zugetragen und weiß viel – ein sich selbst nährender Kreislauf. Gore betrachtete die junge Truppe um den Präsidenten als Risiko. Der Managementstil war chaotisch, die Entscheidungswege waren kompliziert, die Zuständigkeiten byzantinisch. Gore, der seinen eigenen Apparat an der kurzen Leine hielt und auf Disziplin achtete, verdächtigte Clintons Leute der Geschwätzigkeit, gerade gegenüber der Presse, und war genervt vom Arbeitsrhythmus auch des Präsidenten, dessen stärksten Stunden immer dann kamen, wenn dem Vize bereits die Augen zufielen.

Im Weißen Haus verfügte Gore über Autorität, auch wenn er selten laut wurde. Dafür konnte er eisig sein, geradezu schneidend, so etwa bei einem Ess-Gelage mit Mitarbeitern in der alten Kennedy-Villa in Virginia, als er eine spitze Bemerkung von Stephanopoulos über sich aufschnappte. Die Konversation am Tisch erstarb, als Gore den Berater aufforderte, den Satz noch einmal laut zu wiederholen.

Stephanopoulos, der neben Hillary Clinton die wohl schwersten Kämpfe mit Gore austrug, berichtet, wie er den Vizepräsidenten in einer seiner Politikinitiativen, einer groß angelegten Behördenreform, unterlief. Gore hatte fälschlicherweise behauptet, Clinton habe einem bestimmten Element des Projekts zugestimmt. Stephanopoulos trug die Information dem Präsidenten zu, der seinen Stellvertreter der Lüge bezichtigte. Die Pfade im Weißen Haus waren nicht weniger vermint als die Wege zum Kongress oder zu den Lobbyisten.

Gore erhielt eine weitgehende inhaltliche Zuständigkeit für Fragen der Umwelt- und Klimapolitik, der Telekommunikation und der Behördenreform. Er war maßgeblich beteiligt an außenpolitischen Entscheidungen und Budgetfragen um das gewaltige Haushaltsdefizit – dem ideologischen und politischen Schlüsselthema der ersten vier Clinton-Jahre. Allerdings scheiterte er immer wieder mit seiner inhaltlichen Geradlinigkeit an Clintons geschmeidigem Umgang mit den gerade aktuellen Verhältnissen. Clinton, der ewige Händler und Netzwerker, dachte in Allianzen, in taktischen Argumenten. Gore, der Pragmatiker, pflegte dagegen seine Sachargumente – etwa zugunsten einer Klimasteuer.

Das Clinton-Team erlebte schwere Monate, die 1994 in eine herbe Niederlage für die Demokraten bei den Zwischenwahlen für den Kongress mündeten. Die Wirtschaftspolitik war diffus, die Debatte über die Zulassung bekennender Homosexueller in den Streitkräften ideologisierte das Publikum, Hillary Clinton sammelte ihre ersten Feinde, als sie mit hohem Anspruch und wenig politischem Geschick eine monströse Gesundheitsreform durchzusetzen suchte. Privat kämpften die Clintons ebenfalls mit ihrem ersten großen Skandal – Whitewater, einer Grundstücksbeteiligungsaffäre aus frühen Tagen in Arkansas. Die Wähler gewannen den Eindruck, ein inkompetentes Team viel zu junger Menschen steuere das Land nach links. Zum Ausgleich wählten sie die Republikaner sowohl im Senat als auch im Repräsentantenhaus in die Mehrheit. Nach 41 Jahren mussten die Demokraten die Macht in der unteren Kammer abgeben und Platz machen für einen Mann, der schnell zum Gegenpol der Regierung Clinton–Gore aufstieg: Newt Gingrich.

Al Gore hatte sich in diesen ersten zwei Jahren durch das ausgezeichnet, was er allemal am besten konnte: Er verfolgte seine politischen Projekte mit hoher Sachkenntnis und pedantischem Eifer. Sein Programm zur „Neuerfindung von Regierung und Verwaltung" weitete sich zu einer detaillierten Bestandsaufnahme der Behördenarbeit aus und führte zu weitreichenden Reformen, die allerdings dem großspurigen

Anspruch der Idee nicht gerecht wurden. Andererseits ohne Gores Einsatz wäre die Nordamerikanische Freihandelszone nicht beschlossen worden. Gores beruhigende und ordnende Arbeit im Inneren brachte der Regierung wenigstens ein wenig Stabilität.

Nach der Zwischenwahl suchte Clinton in seiner Verzweiflung Hilfe von außen, um die Präsidentschaft wieder ins Lot zu bringen. Gore, der sein Schicksal nach einer einzigen Amtszeit schon besiegelt sah, hatte auch keine andere Wahl, als die Flucht nach vorne anzutreten. Mit Hilfe des Wahlforschers und Politstrategen Dick Morris fand das Weiße Haus schließlich zu seinem Kurs zurück – und der führte zunächst in die Mitte des politischen Spektrums und dann nach rechts. Clinton hatte verstanden, dass er das Image des liberalen Gutmenschen ablegen musste. Die Entscheidungsschlacht trug er schließlich mit Gingrich über den Haushalt 2006 aus.

Gingrich, der radikale Kürzungen und Entschuldung forderte, blockierte die Budgetgesetzgebung. Clinton, der einen moderateren Ansatz verfolgte, aber ebenso den Haushalt ausgleichen wollte, blieb stur. Die Blockade führte im November 2005 dazu, dass der gesamte Regierungsapparat aus Geldmangel schließen musste. Behörden machten einfach die Türen zu, Dienststellen waren nicht besetzt. Die Wähler gaben Gingrich die Schuld an der Misere, der Kongress musste schließlich einlenken. Clinton hatte gesiegt, und dem Maschinisten Gore im Antriebsraum des Weißen Hauses wurde viel Anerkennung für die Wende zuteil. Gleichzeitig verbuchte die Regierung einen der seltenen außenpolitischen Erfolge, als sie – ebenfalls eher auf Drängen Gores – die Nato zum Angriff auf Serbien drängte und damit die Balkankriege und den Genozid an den Muslimen stoppte.

Das Team Clinton–Gore startete mit einem bequemen Vorsprung in den Wahlkampf 1996, aber der Vizepräsident hatte sein Auge bereits auf ein weiter entfernt liegendes Ziel gerichtet: auf die Wahl 2000. Er wollte die Kampagne 1996 als Testlauf auch für seine eigene Präsidentschaftskandidatur vier Jahre später verwenden, wenn nämlich Clinton abtreten und er als möglichst unangefochtener Kandidat der Demokraten mit einem landesweiten Netz von Unterstützern und Geldgebern ins Rennen gehen würde.

Clinton unterstütze ihn dabei und räumte auf dem Nominierungsparteitag in Chicago zwei volle Tage für die „Al-Show“ frei. Gore sollte das Herz der Partei erwärmen – aber der Plan ging nur zum Teil auf. In seiner bis dahin wichtigsten Rede griff Gore zu einem ungewöhnlichen Mittel. Er sprach sechs Minuten lang über seine Gefühle beim Krebstod seiner Schwester Nancy, er beschrieb ihr leidvolles Sterben, und – während seine Eltern in Tränen auf dem Podium saßen – wendete die Emotionen gegen die Tabakindustrie. Die Delegierten waren zwar bewegt, die Presse aber reagierte brutal. Gore wurde vorgeworfen, er instrumentalisiere den Tod für seine politischen Zwecke und zeige zudem noch ein hohes Maß an Heuchelei, weil er doch selbst jahrelang Geld von der Tabakindustrie genommen und Tabakpflanzen angebaut habe.

Der moralische Vorwurf traf Gore tief, aber die Zeit der politischen Rückschläge sollte gerade erst begonnen haben. Zwar gewannen Clinton und Gore die Präsidentschaftswahlen mit mehr als acht Prozentpunkten Vorsprung, aber schon vor dem Wahltag waren Berichte aufgetaucht, die Gore als geldfixierten Wahlkämpfer, als Chefspendensammler seiner Partei zeichneten. Der schlimmste Vorwurf lautete, dass der Vizepräsident illegale Methoden angewandt habe, um an die Spenden zu kommen.

Zwei Verfehlungen wurden Gore nachgewiesen. Zum einen hatte er von seinem Büro im Weißen Haus aus Spendengelder telefonisch angeworben, Geld, das außerdem falsch in der Parteikasse deklariert wurde. Und zweitens hatte er sich mit einer dubiosen Vereinigung asiatischer Wahlunterstützer eingelassen und an einer illegalen Sammelaktion in einem buddhistischen Tempel in Los Angeles teilgenommen. Dies brachte ihm auch den politischen Vorwurf ein, er sei abhängig von ausländischem Geld. Ein knappes Jahrzehnt nach einer Welle hoher Feindseligkeit gegenüber Asien in der US-Politik erzeugte das Urteil beim Wähler einen üblen Nachklang.

Gore kämpfte mehr als ein Jahr lang mit diesen Vorwürfen und durchlebte die schwerste politische Krise seiner Karriere. Plötzlich waren nicht die Clintons mit ihrer dubiosen Vergangenheit und der Präsident mit seinen Frauengeschichten in den Schlagzeilen, sondern der so saubere Vize. Washingtons Reporterlegende Bob Woodward, der schon vor der Wahl in einem Buch das innere Chaos im Weißen Haus beschrieben hatte, sorgte im März 1997 mit einer neuen Detailrecherche über Gores Umgang mit dem Spendengeld für Furore. Eine griffige Formel blieb haften: Gore war in dieser Präsidentschaft der *solicitor in chief*, der Chefeintreiber. Die Öffentlichkeit musste den Eindruck gewinnen, dass sich der Vizepräsident aufführte wie ein Parteiangestellter und die Würde des Amtes verletze. Geld schien ihm offenbar über alles zu gehen. Schlimmer noch: Gore ließ den Eindruck zu, dass dieses Weiße Haus käuflich sei.

Gore musste am Ende zugeben, dass er mehr als 70 Telefonate zugunsten der Parteikasse von seinem Büro im Weißen Haus aus geführt hatte. Diese Vermischung von Parteiarbeit und Staatsamt verbat das Pendelton-Gesetz von 1882. Aber: Das Gesetz war längst überholt – sollte der Vizepräsident etwa in ein Bürogebäude über die Straße wechseln, um zu telefonieren? Außerdem gab es keine Rechtsprechung über das Pendelton-Gesetz in seiner Bedeutung für den Vizepräsidenten – und so gab man Gore die legalistische Formel an die Hand, dass er im Rahmen der Auslegung korrekt gehandelt habe. „Keine kontrollierende rechtliche Instanz" habe die Praxis je verboten. Gore versuchte – à la Clinton – sich in einer Pressekonferenz zu verteidigen und der Öffentlichkeit zu schmeicheln. Der Versuch misslang kläglich: Sieben Mal verwies Gore auf die Mängel an rechtlicher Instanz und hinterließ den Eindruck, dass er sich mit den Argumenten eines Winkeladvokaten aus der Affäre stehlen wollte.

Inzwischen hatte die Mehrheit im Kongress Blut geleckt und sah eine willkommene Chance, den stärksten Konkurrenten für die nächste Präsidentschaftswahl zu schwächen. Anlass bot der Besuch Gores bei einem buddhistischen Orden in Los Angeles im April 1996. Die Visite war auf Initiative einer kalifornischen Lobbygruppe zustande gekommen, die asiatische Immigranten und große Konzerne vor allem aus Taiwan vertrat. Spendenveranstaltungen in steuerbefreiten, zum Beispiel religiösen Einrichtungen wie dem Tempel waren gesetzlich verboten, aber die Lobbygruppe nutzte die Begegnung mit dem Vizepräsidenten dennoch, ihre Mitglieder kräftig zur Kasse zu bitten und das Geld anschließend in die Wahlkampfkasse der Demokraten zu schleusen. Gore beteuerte immer, dass er nichts vom wahren Charakter der Veranstaltung gewusst habe. Ein direkter Beweis für die Verfehlung war auch nicht aufzutreiben, aber Gore war zutiefst unglaubwürdig, weil er den Charakter der Lobbygruppe seit Jahren kannte – hatte sie ihn doch immer fleißig mit Spenden bedacht.

Als Gore noch im März 1997 nach China aufbrach und dort mit dem „Schlächter von Tian'anmen", Li Peng, auf verschiedene Investitionsverträge anstieß, kochte die Empörung hoch. Die skrupellose Clinton-Regierung, die für Geld alles zu tun schien, hatte der Opposition ausreichend Futter für den nächsten Wahlkampf geliefert, und der Saubermann Gore war zum ersten Mal massiv diskreditiert. Justizministerin Janet Reno bewahrte ihn schließlich vor dem politischen Ende, als sie im Winter 1997 entschied, keinen Sonderermittler auf den Fall anzusetzen. So ein Ermittler, ausgestattet mit staatsanwaltschaftlicher Autorität, hätte Gore die letzte Kraft geraubt. Reno befand, dass es zu wenig belastendes Material gäbe, um weitere Ermittlungen zu rechtfertigen.

Gore brach im Dezember nach Japan auf, wo die Staaten der Welt in Kyoto ein Klimarahmenabkommen aushandelten – eigentlich das zentrale Thema in Gores politischem Credo. Aber in den letzten Jahren war der Klimaschutz viel zu kurz gekommen. Umweltgruppen hatten Gore attackiert, weil er seine vollmundigen Versprechen nicht in konkrete Politik umgesetzt hatte. Die politische Stimmung in den USA mit einem republikanisch dominierten Kongress ließ jede radikale klimapolitische Wende allemal aussichtslos erscheinen. Gore reiste ohne große Hoffnung nach Kyoto, rang sich dann aber zu einer großspurigen Geste durch, wohl wissend, dass der von ihm paraphierte Vertrag niemals angenommen werden würde. Der Kongress wandte sich strikt gegen einen Emissionshandel ohne Einbeziehung der Schwellenländer, die bereits hohe Verschmutzungswerte erreichten. Gores Festlegung in Kyoto sollte ihn immer wieder einholen – der pragmatische Politiker, der im Weißen Haus gereifte Macher des Machbaren, war in seine alte Rolle aus Senatszeiten zurückgefallen: antreiben, visionäre Ziele setzen, an der Spitze der Bewegung stehen. Diesmal aber musste man Gore an seinen Taten messen.

Gerade als sich Gore anschickte, die letzte Phase im Weißen Haus zu planen und die triumphale Rückkehr als Präsident ins Oval Office vorzubereiten, da veröffentlichte die *Washing-*

ton Post am Morgen des 21. Januars 1998 eine Titelgeschichte über ein neues Betätigungsfeld von Whitewater-Sonderermittler Kenneth Starr. Der hochparteiische Jurist untersuchte, ob der Präsident eine junge Praktikantin zur Lüge unter Eid angestiftet hatte. Die Praktikantin hieß Monica Lewinsky, und den Meineid sollte sie in einer delikaten Frage geleistet haben: Gab es zwischen ihr und Bill Clinton eine sexuelle Beziehung? Von diesem Tag an war Washington transformiert, ein furioser Sturm brach über Clinton herein. Seine Präsidentschaft hatte ihr letztes, bestimmendes Thema gefunden, die amerikanische Politik war ein Jahr lang gelähmt und der Lagerkrieg zwischen rechts und links zerriss die Gesellschaft. Seit Nixon hatten die USA so etwas nicht mehr erlebt.

Gore war, wie alle Beobachter, von der ersten Reaktion des Präsidenten irritiert: „Es gibt keine sexuelle Beziehung", sagte Clinton in den Abendnachrichten, und ganz Washington fragte sich, warum der Präsident das Präsens benutzte. Gore war schon vor seiner Vizepräsidentschaft über Clintons Frauengeschichten empört gewesen. Vermutlich traute er seinem Boss vieles zu – aber ein Verhältnis mit einem gerade mal volljährigen Mädchen, so alt wie Gores eigene Tochter? Gore führte in dieser Hinsicht immer ein Musterleben und war stolz auf seine amerikanische Vorzeigefamilie und die vier Kinder. Einmal, in den 80er Jahren, lehnte er es ab, mit einer alten Freundin schwimmen zu gehen, aus Furcht, man könne die beiden im Badezeug erwischen. Für Gore war moralische Integrität ein zentrales Element seiner politischen Philosophie. Wie sollte ein vom Volk gewählter Vertreter Regeln für die Gesellschaft aufstellen und Anspruch auf die Verbesserung des Gemeinwohls erheben, wenn er selbst kein Vorbild war?

Die juristischen und polit-taktischen Schlachten im Lewinsky-Jahr raubten dem Weißen Haus alle Kraft. Anfangs trat Gore noch zur Verteidigung Clintons an, allerdings mit einer wohlüberlegten Wortwahl: Er würde den Präsidenten als Freund bezeichnen, den Sonderermittler nicht persönlich angreifen, den Skandal nicht direkt erwähnen und vor allem keine Charakterurteile abgeben. Gore war klar, dass die Lewinsky-Affäre auch seine Zukunft beeinflussen würde – so oder so. Schon früh während der Affäre gab es Stimmen aus Gores Umfeld, die in Clintons Niedergang eine Chance sahen und möglicherweise auf einen freiwilligen Rückzug des Präsidenten aus der Politik spekulierten. Dann wäre der Weg für Gore frei gewesen. Aber selbst ohne das Rücktrittsszenario war Gore klar, dass seine oft geschmähten Charaktereigenschaften nun von Vorteil waren. Nach Clinton würde das Land einen Technokraten wollen, einen verlässlichen, etwas langweiligen Typen, jedenfalls keinen Politspieler mehr. Als wollte er seine Eigenschaften besonders hervorheben, gefror Gore nun noch mehr zur Statue, wenn er neben Clinton auftreten musste und wie immer schräg hinter dem Präsidenten im Kamerabild stand. „Der hölzerne Indianer“, scherzten die Mitarbeiter, weil der Vize an die Schnitzfiguren erinnerte, die vor den Souvenirläden in den Reservaten zu finden sind.

Washington lag unter einer schwülheißen Dunstglocke, Zikadengesänge durchbrachen den Abend, als Bill Clinton am 17. August um 21 Uhr im Kartenraum des Weißen Hauses auf einem Sünderstühlchen Platz nahm und der Nation beichtete, dass er gelogen habe. Nun aber sei es genug mit der Jagd, sagte der Präsident, dies sei eine Angelegenheit zwischen ihm, seiner Frau, seiner Tochter und dem Herrgott. Man solle sich wieder dem Regierungsgeschäft zuwenden.

Clintons Bitte verhallte ungehört. Der Sonderermittler

hatte seinen Bericht geschrieben, die republikanische Mehrheit im Kongress sorgte umgehend für die Veröffentlichung und Souvenirhändler in Washington druckten ihn auf Toilettenpapier. Das Kleid der Praktikantin war erkennungsdienstlich behandelt worden, die DNA-Spuren auf seiner Vorderseite stimmten mit dem genetischen Code des Präsidenten überein. Die Jagdmeute war entfesselt, nun wollte sie das angeschossene Wild endgültig reißen. Clinton, so viel stand fest, würde vor den Kongress gezerrt werden und sich einem Amtsenthebungsverfahren stellen müssen.

Al Gore verfolgte all dies aus sicherer Entfernung. Sechs Zeitzonen weiter auf Hawaii verbrachte er mit der Familie seinen Sommerurlaub. Die Nachrichten verdüsterten seine Stimmung immer mehr. Im November standen die Zwischenwahlen an, einer Abstrafung der Demokraten durch die Wähler war offenbar nicht mehr zu entkommen. Außerdem erreichten ihn wenig Hoffnung machende Bulletins über den Gesundheitszustand seines alten Vaters. Der Senator a.D. verlor in seinem 91. Lebensjahr zusehends an Kraft.

Die Beichte Clintons hatte – wieder einmal – einen widersprüchlichen Effekt. Während die Demokraten im Kongress das parteipolitische Spektakel verstanden und den persönlichen Hass des Strafverfolgers geschickt in Sympathiepunkte für sich ummünzten, zog Gore einen umgekehrten Schluss: Er distanzierte sich immer stärker von Clinton. Das Eingeständnis der Lüge nahm Gore persönlich, das Vertrauensverhältnis zum Präsidenten, dessen engster Berater er war, war zerstört. Gore zog sich immer mehr aus dem Clinton-Umfeld zurück, nahm auch nicht mehr an jeder Besprechung teil und geriet in seinen Auftritten immer künstlicher. Seine Körpersprache signalisierte Unbehagen, seine Ausdrucksweise wurde gestelzter. Gore bewegte sich wie eine Marionette, wie ein geduldiger Lehrer belehrte er seine Zuhörer in väterlichem Ton.

Wie sehr er mit seiner Einschätzung der öffentlichen Stimmung danebenlag, hätte er am Wahlergebnis vom November ablesen können: Die Demokraten gaben im Senat keinen Sitz ab und gewannen im Repräsentantenhaus sogar hinzu – ein klares Zeichen, dass die Öffentlichkeit das Lewinsky-Spektakel satt hatte und den zelotenhaften Stil der Präsidentenverfolger ablehnte.

Der Dezember 1998 geriet schließlich zum dunkelsten Monat eines allemal schwarzen Jahres. Albert Gore, Vater, Senator, politisches Urgestein und nie erreichbares Vorbild von Little Al, verstarb wenige Tage vor seinem 91. Geburtstag. Gore hielt eine ergreifende Rede während der Totenfeier, an der eine 50-köpfige Delegation aus dem Kongress, angeführt vom Präsidenten höchstpersönlich, eine angesichts der Umstände seltsame Show der Eintracht aufführte. Gore begann seine Rede mit dem ehrlichen Satz: „Mein Vater war der großartigste Mann, den ich in meinem Leben gekannt habe." Und er endete mit einer Hymne an das Familienleben, die Clinton in den Ohren geklungen haben muss: „Als ich älter wurde, lernte ich den Wert einer echten, liebevollen Partnerschaft kennen, die ein Leben lang hält."

Wenige Tage später endete das Jahr mit einem Donnerschlag: Während amerikanische Raketen im Irak explodierten als Antwort auf Saddam Husseins Verweigerungshaltung gegenüber den UN-Waffeninspektoren, stimmte das Repräsentantenhaus für die Amtsenthebung des Präsidenten und verabschiedete sich nahezu zeitgleich vom republikanischen *speaker*, der es mit der ehelichen Treue nicht so ernst genommen hatte – ein surreales Finale, das fast schon hollywoodtauglich gewesen wäre, wenn nicht zur selben Zeit die Komödie „Wag the Dog" in den Kinos angelaufen wäre, in der ein ähnliches Szenario für gelöste Heiterkeit sorgte.

4. 36 Tage – ein Kandidat in Fesseln, ein Traum in Trümmern

Der Präsidentschaftswahlkampf 2000 war der längste und teuerste in der Geschichte Amerikas – am Ende gar verlängert um 36 Tage, in denen eine noch nie dagewesene juristische und politische Schlacht um das höchste Amt des Landes ausgetragen wurde. Für Al Gore begann die Auseinandersetzung im Sommer 1999. Die Distanz zu Präsident Clinton – ein halbes Jahr nach dem überstandenen *impeachment* (Verfahren zur Amtsenthebung) als Kriegsgegner – erwies sich zunächst als vorteilhaft. Clintons persönliche Zustimmungsraten in der Öffentlichkeit waren gering, allerdings bewertete die Nation seine Leistung im Amt nach wie vor positiv. Das *impeachment* hatte das Land polarisiert, und Clinton dankte seiner Partei die Loyalität, indem er in den letzten Monaten sein politisches Gewicht wieder ein wenig nach links verschob. Gore aber wusste von Beginn an, dass diese Wahl in der Mitte gewonnen werden musste. Die extremen Ränder der Parteien mussten zwar bei Laune gehalten werden – wirklich entscheidend aber war die Botschaft an die Mitte.

Gore ließ sich, von Umfragen getrieben und in Furcht vor einem Fehlstart, zu einem frühen Wahlkampfbeginn verleiten. Schon am 15. Juni 1999 erklärte er seine Kandidatur – wie immer auf den Stufen des Gerichtsgebäudes von Carthage. Schlecht wurde ihm diesmal nicht, die Show hinterließ allerdings ein zu starkes Gefühl der Künstlichkeit. Umgeben war der Vizepräsident von einer Phalanx hochprofessioneller Wahlmanager und Berater aus dem Weißen Haus, denen allerdings – wie sich bald herausstellen sollte – die Führung fehlte. Nicht zu sehen war hingegen Bill Clinton. Gore wollte seine Kampagne ohne den Präsidenten führen. Wie schon bei seinen ersten Wahlkämpfen für Repräsentantenhaus und Senat musste Gore sich eines vereinnahmenden Übervaters erwehren. Albert Gore senior hatte er öffentlich zumindest immer auf Abstand halten können – bei Bill Clinton wurde die Sache schwieriger.

Die beiden Männer, die sieben Jahre lang in intensiver Beziehung miteinander gelebt hatten, umkreisten sich nunmehr misstrauisch und konnten doch nicht voneinander lassen. Wenn Gore bei gemeinsamen Auftritten von Clinton auf den Arm genommen wurde und das Publikum an einen einstudierten Scherz glaubte, dann war die Wahrnehmung zwischen den beiden anders: Der verdiente Chef wurde vom Hof getrieben, während der Nachfolger die Hackordnung einhalten und die Schläge ertragen musste. Clinton hatte immer einen Spruch parat, wenn Gore als Vorredner auftrat und den Saal begeisterte: „Der Vizepräsident sei heute gut drauf – er müsse wohl länger geschlafen haben"; oder „der Vizepräsident habe ein besonderes Müsli gegessen"; „der Vizepräsident bringe mit seinem Temperament den Schnee um Umkreis von drei Meilen zum Schmelzen" usw. – für den Vizepräsidenten waren all das Herabsetzungen, die auf den drögen Kern seiner Persönlichkeit abzielten.

Gore war derart auf seine präsidentielle Wirkung konzentriert, dass er das simple Geschäft des Vorwahlkampfs missachtete und die Bewegung innerhalb der eigenen Partei ignorierte. Dort hatte sich aus einer Gruppe chancenloser Mitbewerber plötzlich der frühere Senator aus New Jersey, Bill Bradley, abgesetzt, dem vor allem seine Beliebtheit als ehemaliger Basketballprofi zugute kam. Bradley verfügte über eine gut gefüllte Kriegskasse und überholte Gore in den Umfragen im wichtigen Vorwahlstaat New Hampshire. Gepackt von der Furcht zu verlieren, griff Gore zu einer bewährten Methode: Er startete eine Generalrevision seiner Kampagne, entließ Mitarbeiter, heuerte andere an, schrieb seine Standardrede neu und entschied sich schließlich zu einer weiteren Radikalkur. Das Hauptquartier der Gore-Kampagne wurde aus dem Herzen Washingtons in das Herz von Tennessee verlegt – nach Nashville. Der symbolische Umzug sollte den Wählern klar machen, dass nun ein Mann aus ihrer Mitte antrat, dass ein neuer Al Gore zu sehen sein würde.

Mit dem Büro wechselte Gore auch die Hemden. Zum ersten Mal legte er den dunkelblauen Anzug beiseite und bemühte sich um einen neuen Stil. „Erdfarbene Töne" war das Schlagwort, das über Wochen hinweg die Nation amüsierte. Gore in Khaki, Gore im Poloshirt. Die Botschaft: Der Kandidat findet zu seinen Wurzeln zurück, er erdet sich. Als dann die feministische Schriftstellerin Naomi Wolf und Gores Tochter Karenna als treibende Kräfte hinter dem Markenwechsel erkannt wurden, da begann die Partei an ihrem Kandidaten zu zweifeln. Wolf wollte aus dem „unterwürfigen Beta- ein dominantes Alpha-Tier" machen. Die Nation brüllte vor Lachen. Gore hatte jede Authentizität abgelegt, er war zu einem Produkt der Imageberater geworden, übersteuert und hypersynthetisch. Nach all den Jahren in der Öffentlichkeit und bedrängt von gesellschaftlichen Zwängen war allemal nicht mehr zu erkennen, was von Little Al oder dem frühen Politiker Gore übrig geblieben war.

Bradley blieb in den Vorwahldebatten immer weniger Raum gegen den inhaltlich überpräsenten Gore. Der Vizepräsident griff den Rivalen mit ungeheurer Wucht an, ähnlich wie er 1988 den Konkurrenten Dick Gephardt im Kampf um die Präsidentschaftsnominierung niedergemacht hatte. Der Umfragevorsprung Bradleys war schnell wettgemacht, bis zum Jahreswechsel und zu den ersten Vorwahlen war klar:

Die demokratische Partei würde ihre Pflicht tun und Al Gore zum Präsidentschaftskandidaten nominieren.

Im Juni 2000, rechtzeitig zum Parteitag in Los Angeles, übernahm Bill Daley das Management der Gore-Kampagne. Daley war eine Größe im demokratischen Apparat, er genoss die Freundschaft zu Bill Clinton und das Vertrauen Gores. Beides hätte er beinahe verspielt, als er am Abend des großen Auftrittes von Clinton zwischen die Fronten geriet. Der Präsident wollte seine Rede nicht abstimmen und verweigerte die Herausgabe des Manuskripts, was das Misstrauen der Gefolgsleute Gores weckte. Umgekehrt wurde Clintons gefürchteter Zorn geweckt, als die Parteitagsregie den amtierenden Präsidenten nach Ablauf der besten Sendezeit auftreten lassen wollte – es hatten sich Verzögerungen in der Rednerliste ergeben. Clinton und Gores Rivalität war auf einem vorläufigen Höhepunkt angekommen.

Der Parteitag ist traditionell der Anlass, zu dem der neue Vizepräsidentschaftskandidat seine erste Rede hält. Auch diese Personalie brachte die Gegensätze zum Vorschein. Clinton wollte seinen früheren Stabschef Leon Panetta als Vize auf dem Regierungsticket sehen, Gore entschied sich aber für Senator Joseph Lieberman aus Connecticut. Lieberman war ein moderater Mann mit außenpolitischer Erfahrung. Am meisten Aufmerksamkeit wurde seiner Religiosität zuteil – als praktizierender orthodoxer Jude achtete Lieberman zum Beispiel den Sabbat und ließ sich daher am Wochenende nicht mit dem Auto fahren.

Clinton, dem Gores Kurs nicht behagte, machte den Parteitag – in Amerika immer mehr Zirkus als Politikereignis – noch einmal zu seiner Show. Wie ein Gladiator ließ er sich beim Einmarsch in die Halle filmen, endlose Sekunden lang auf dem langen Weg durch die Katakomben der

Arena – alles live übertragen auf gewaltigen Videowänden und in die Wohnzimmer im ganzen Land. Wie Gary Cooper in „High Noon“ – der Saal tobte, und Clinton bescherte Gore einen fünfprozentigen Anstieg in den Umfragen. Der Vize aber verstand immer noch nicht. Seine eigene Rede glückte freilich auch, und am meisten Jubel löste Gore aus, als er sich zu Tipper beugte und ihr einen schier endlos langen Kuss auf den Mund drückte. Gores Show der Gefühle mag manchen peinlich gewesen sein – die Mehrheit der Amerikaner war begeistert.

George W. Bush hatte sich unterdessen als Herausforderer der Republikaner positioniert und damit eine erstaunliche Paarung ermöglicht: Es traten gegeneinander an zwei Söhne aus altem politischem Adel, beide geprägt von der klassisch amerikanischen Ostküstenaristokratie, beide aus der Babyboom-Generation, beide getarnt als Gewächse der Provinz. Aber: Während Gore sein Leben lang auf diesen Moment hingearbeitet hatte, war Bush in die Kandidatur gestolpert. Die Partei hatte ihn dazu geradezu gedrängt. So trug Bush keinen Ballast auf den Schultern, er war der wirkliche Außenseiter, der unverstellte Kandidat. Sein Umgang mit Journalisten und Wählern war begnadet, seine Leichtigkeit fast schon frivol und sein Witz ansteckend. Bush war wie Clinton ein Menschenfischer, Gore war eben Gore.

Dem Duell Bush vs. Clinton haftete auch der pikante Geruch von Rache an: Clinton–Gore hatten Vater Bush nach nur vier Amtsjahren aus dem Weißen Haus gedrängt. Nun trat der Sohn an, diese Scharte auszuwetzen und die Familienehre zu retten, die vor acht Jahren nach Ansicht vieler Republikaner von den miesen Charakteren verletzt worden war.

Beiden Lagern war von Beginn an klar, dass sie um denselben Kuchen zankten: Amerikas Mittelschicht, die Hausbesitzer aus Suburbia, die Fußballmuttis, die ihre Sprösslinge nachmittags zum Training fuhren. Bush legte sich eine Rhetorik zu, die zu seiner späteren, von den Neokonservativen beeinflussten Linie nicht passte, aber im Wahlkampf funktionierte. *Compassionate conservativism* – rechts mit Herz –, das war das republikanische Leitmotiv, und Bush gab das Versprechen, dass er den neuerworbenen Wohlstand der aufsteigenden Mittelschicht nicht gefährden würde. Gore tat sich hingegen schwerer – eigentlich hätte er ja mit den Erfolgen der Clinton-Präsidentschaft hausieren gehen müssen, aber bis zuletzt konnte sich der Kandidat nicht dazu durchringen, ein echtes Bekenntnis zur Politik und zu seinem Partner der vergangenen acht Jahre abzugeben.

Vor der ersten TV-Debatte führte Gore mit etwa fünf Prozentpunkten in den Umfragen, aber dann unterliefen dem Kandidaten mehrere kleine Fehler, die den Vorsprung schmelzen ließen: In Hollywood sammelte Gore Geld bei Studiogrößen, obwohl er ihnen kurz zuvor wieder einmal harte politische Maßnahmen gegen zu viel Gewalt und Schund angedroht hatte. In Florida erzählte er von einer Familienbegebenheit rund um ein Arthritis-Medikament – eine offenbar erfundene Geschichte.

Die Debatte – erfahrungsgemäß mit gewaltigen Einschaltquoten von etwa 60 Millionen Zuschauern – war für Gore kaum zu gewinnen. Er konnte eigentlich nur verlieren, weil die Erwartungen an George Bush sensationell niedrig waren. Vom Gouverneur aus Texas erhoffte man sich nicht mehr als einige zusammenhängende Sätze und inhaltlich fundierte Antworten. Von Gore wurde hingegen nicht weniger erwartet, als dass er den politischen Novizen Bush zerquetschte.

Die Auseinandersetzung im umgebauten Eishockeystadion der Massachusetts-Universität in Boston blieb kontrolliert – fast so wie die Temperatur in der Halle, die auf Wunsch Gores auf Eiseskälte herabgesenkt wurde. Zwei Dinge bleiben in Erinnerung und wurden von dem gewaltigen Medientross unerträglich oft wiederholt und analysiert: Gore seufzte mehrfach bei Bushs Antworten und ließ dabei seine abschätzige Art durchblitzen. Und Gore gab einmal eine falsche Auskunft – was ihm sofort als eine seiner typischen Übertreibungen ausgelegt wurde. Bush hingegen leistete sich keinen Fehler. Prompt stiegen seine Zustimmungsraten und die Kandidaten lagen nun gleichauf.

In den letzten Wochen bis November sollte sich an der Schlachtordnung nichts ändern. Die zweite und die dritte Fernsehdebatte beeinflussten den Wählereindruck nur minimal. Bush hatte am Ende einen passenden Slogan parat, um Gore herabzusetzen: „Ich vertraue den Menschen, während mein Gegner dem Staatsapparat vertraut." Gore kämpfte unter Aufbietung aller Kräfte gegen dieses Image an, meistens mit Tipper an seiner Seite, die immer wieder zum Küssen herangezogen wurde.

Derart konzentriert war Gore auf den Gegner und auf seinen korrekten Umgang mit dem Clinton-Erbe, dass er einem wichtigen Detail des Rennens nicht genug Aufmerksamkeit schenkte: Am linken Rand graste der Umwelt- und Verbraucheraktivist Ralph Nader auf klassisch demokratischem Terrain. Nader blieb als unabhängiger Kandidat im Rennen und sollte Gore später die Stimmen rauben, die ihm zu einem klaren Sieg in vielen Bundesstaaten fehlten. Was in den Jahren zuvor für die Konservativen der Kandidat Ross Perot war, erfuhren die Demokraten nun mit Ralph Nader: Der dritte Mann würde die Wahl entscheiden. Der dritte Mann – und die Gerichte.

Das Drama von Florida wurde bis in die kleinsten Details erzählt und analysiert. Heerscharen von Reportern und Wissenschaftlern haben die Bezirke und Distrikte durchkämmt auf der Suche nach der Wahrheit – und dem Sieger. Unzählige Bücher und Abhandlungen wurden verfasst. Diskutiert wurde von der verfassungsrechtlichen Komponente bis hin zur Auswirkung auf die Minderheitenpolitik so ziemlich jeder Aspekt des schicksalhaften Wahlgangs. Dabei wurde gerne übersehen, dass Al Gore den Kampf um die Präsidentschaft bereits in jenen Bundesstaaten verloren hatte, in denen ein Sieg des demokratischen Bewerbers eigentlich erwartet wurde: New Hampshire, Tennessee, Ohio. So aber wurde Florida zum Schlüsselstaat und die 25 Wahlmännerstimmen wurden zur wichtigsten Trophäe – ein gewaltiger Batzen im komplizierten amerikanischen Abstimmungsverfahren mit seinen 537 Delegierten, die am Ende im Wahlmännergremium den Präsidenten küren.

Der Disput über den Wahlausgang in Florida zog sich über 36 Tage hin. Er wurde ausgetragen in mehr als 50 unterschiedlichen Gerichtsverfahren und Revisionsprozessen, verhandelt auf allen Ebenen der Judikative bis hin zum Obersten Gerichtshof in Washington. An Waffenvielfalt herrschte kein Mangel: Klagen, Urteile, Demonstrationen, Reden, Eingaben, Gesetzesinitiativen, Sondersitzungen der Parlamente und Exekutivanweisungen der Behörden. Es wurde gezählt, sortiert und geordnet, die Auslegung des Gesetzes und seiner Lücken war Gegenstand hitziger Debatten und Anlass für Handgreiflichkeiten. Amerikas allemal byzantinisches Geflecht aus Behörden und Zuständigkeiten, Durchgriffsrechten und Weisungsbefugnissen geriet vollends undurchschaubar. Ganze Flugzeugladungen der besten juristischen Köpfe des Landes wurden binnen Stunden nach Florida und in die Hauptquartiere der Kandidaten geschafft – und zu den erstaunlichsten Ad-hoc-Kanzleien in der Geschichte der Juristerei zusammengebaut. Lastwagenladungen mit Stimmzetteln wurden unter Polizeischutz von Ort zu Ort transportiert, aus der Luft gefilmt von den Kamerahubschraubern der Nachrichtensender, als handele es sich um eine Verfolgungsjagd.

Bei der Schlacht ging es nicht nur um ein paar Stimmen oder die numerisch korrekte Auszählung. Der Streit drehte sich um hängende Stanzschnipsel, um einen schmetterlingsförmig angeordneten Abstimmungszettel, um die Behinderung von Wählern, die Benachteiligung von Minderheiten, um die Manipulation von Ergebnissen und um das korrekte Zähl- und Ausschlussverfahren. Es duellierten sich die von Demokraten besetzten Landesgerichte Floridas mit untergeordneten Rechtsinstanzen und dem Parlament des Bundesstaates. Es intervenierten die Landesregierung und ihr Gouverneur, der gleichzeitig auch noch der Bruder des republikanischen Präsidentschaftskandidaten war. Am Ende entschied der Oberste Gerichtshof in Washington mit fünf gegen vier Stimmen, und damit exakt entsprechend seiner parteipolitischen Färbung.

Al Gore beging in der Wahlnacht den ersten großen Fehler – vielleicht den größten in der sich abzeichnenden Auseinandersetzung –, als er, den Meldungen verschiedener Fernsehsender glaubend, Florida verloren gab. Am Morgen gegen halb drei ließ er Bush informieren, dass er nun gleich seine Niederlage vor den Anhängern in Nashville eingestehen würde. In Texas knallten die Korken und Bush wartete gebannt auf das öffentliche Bekenntnis. Auf dem Weg zu seinen Anhängern erreichte Gores Wahlkampfmanager Daley aber der panische Anruf der Hochrechnungsexperten, die mit den

Stimmzählern in Florida in direktem Kontakt standen: Florida war nicht verloren, es zeichnete sich vielmehr ein derart knappes Ergebnis ab, dass es zu einer automatischen Neuauszählung kommen würde. Daley stoppte Gore wenige Sekunden, bevor er auf der Bühne das Ende seiner Karriere bekannt gegeben hätte. Der Vizepräsident wurde wieder in die Limousine verfrachtet, der Tross setzte sich erneut in Bewegung – zurück ins Hotel.

Dieses seltsame politische Wendemanöver wurde von Fernsehkameras eingefangen und löste bei Bush verständlicherweise Irritationen aus. Kurz darauf klingelte das Telefon in der Gouverneursresidenz im texanischen Austin, und Gore persönlich teilte dem Konkurrenten mit, dass er das Eingeständnis der Niederlage zurückziehe. Bush muss geschluckt haben: „Sagen Sie gerade, was ich glaube, dass Sie es sagen?", fragte er kryptisch und fuhr dann fort: „Ich will es genau verstehen: Sie rufen noch einmal an, um Ihr Eingeständnis der Niederlage zurückzuziehen?" Gore gab eisig zurück: „Werden Sie nicht schnippisch." Und als Bush versicherte, sein Bruder, der Gouverneur von Florida, habe den besten Überblick und sein Urteil sei eindeutig, ließ Gore ihn wissen: „Ich glaube nicht, dass Ihr Bruder die Sache regeln kann." Kurze Zeit später zogen auch die Fernsehanstalten ihre Hochrechnung für Florida zurück – sie hatten sich an diesem Abend zum zweiten Mal massiv getäuscht und den Lauf der Geschichte gefährlich beeinflusst.

Noch in der Nacht setzten die Konkurrenten ihre besten und glaubwürdigsten Berater in Marsch. Warren Christopher (für Gore) und James Baker (für Bush) – altgediente Haudegen ihrer Parteien, Anwälte und im vormaligen Beruf nicht weniger als Außenminister ihrer Nation –, waren die Galionsfiguren der Juristeninvasion, die nun über Florida hereinbrach. Beide sollten den Eindruck vermitteln, dass es sich vor allem um eine vom Gesetz gedeckte Pflichtübung handele, die ausgetragen werden müsse. Beide sollten die Rechtmäßigkeit dieses Prozesses garantieren, quasi als Notare der Nation. Tatsächlich aber war beiden Lagern bewusst, dass Florida eine immense politische Schlacht geben würde, bei der es um Schnelligkeit, die Auslegung der Gesetze und vor allem um die Lufthoheit gegenüber der Öffentlichkeit ging.

Gore startete mit dem Handicap, dass er – der vermeintliche Wahlverlierer – bereits als Verurteilter auf dem Weg zum Schafott gefilmt worden war. Bush agierte hingegen in der Pose des generösen Feldherren, der dem schlechten Verlierer eine letzte Bitte nicht abschlägt. So sehr sich Gore auch mühte, sooft er sich in seiner Residenz im Ornat des Vizepräsidenten filmen ließ, sooft seine Anwaltstruppen auch Teilerfolge vor Gericht errangen – den Geruch des Verlierers legte er nicht mehr ab.

Bereits stark in die Defensive gedrängt, sorgte sich Gore vor allem um die öffentliche Wahrnehmung seiner rechtlichen Bemühungen. Nur so sind die drei fundamentalen Fehler zu erklären, die das Gore-Team in den 36 Tagen des Florida-Dramas beging. Zunächst legte sich Gore sehr schnell fest, als er eine Nachzählung in nur vier der 67 Landkreise Floridas forderte. Eine landesweite Nachzählung wollte er nicht, weil er ein Debakel in der Außenwirkung befürchtete. In jedem einzelnen County hätte der Wahlausschuss der Nachzählung zustimmen müssen, viele republikanisch besetzte Gremien hätten sich Gore verweigert. Eine landesweite Nachzählung wäre nur sinnvoll gewesen, wenn auch Bush sie verlangt hätte – aber der zeigte kein Interesse, weil er keinen Vorteil für sich entdecken konnte. So blieb es bei den vier stark demokratisch geprägten Landkreisen.

Fehler Nummer zwei betraf die Briefwahlstimmen. Etwa 24 000 Briefwahlkarten waren fehlerhaft gedruckt worden und hätten als ungültig vernichtet werden müssen. Republikanische Wahlhelfer korrigierten die Druckfehler und führten die Stimmen nachträglich in den Zählprozess ein – Bush profitierte von mehr als 90 Prozent dieser Wähler, viele von ihnen Militärangehörige auf Auslandsposten. Gore entschied früh, dass er die Manipulation dieser Stimmzettel gerichtlich nicht weiter verfolgen wolle. Warum nicht – das bleibt ein Rätsel. Vielleicht sah das Gore-Team einen Widerspruch in seinen Argumenten: Wieso sollte man schlecht gestanzte Wahlzettel aus den Wahlmaschinen nachträglich für gültig erklären, nicht aber schlecht gedruckte Briefwahlzettel? Die hohe Zahl der Briefwahlstimmen hätte das Ergebnis im Staat leicht zu Gores Gunsten verschoben.

Der dritte Fehler betraf den Zeitrahmen der Nachzählung. Das Wahlgesetz von Florida sah vor, dass die Wahlmänner am 12. Dezember nominiert würden – eine reine Formsache. Gores Anwälte akzeptierten diese künstliche Begrenzung in einem der 50 Gerichtsverfahren, vermutlich weil sie den Unmut der Öffentlichkeit über den sich hinziehenden Streit fürchteten. Der Termin wurde am Ende vom Obersten Gericht in Washington gerne aufgenommen und in das Urteil diktiert, um die Auseinandersetzung zu beenden.

Gore setzte zuletzt alle Hoffnung auf die Wahlzettel, die von Wahlmaschinen des Staates als unlesbar eingestuft worden waren. Damit öffnete er eine Flanke, die tatsächlich schwer zu verteidigen war: Wenn nach dem Gesetz mit Hilfe von Maschinen gewählt und gezählt wird, müssen dann nicht alle Schwächen und Stärken dieser Maschinen akzeptiert werden – da sie alle Kandidaten gleichermaßen treffen? Die Gerichte des Landes beschäftigten sich mit diesen Fragen, aber für die Öffentlichkeit war das Auszählungsverfahren längst ein einziger Sumpf, ein Spielplatz parteiischer Nahkämpfer, die ein simples, nacktes Ziel vor Augen hatten: die Macht im Land.

Das republikanische Lager in Florida versuchte, das Verfahren aus den Gerichten herauszuholen und eine politische Entscheidung im Landesparlament herbeizuführen. Innenministerin Katherine Harris war bereits weltweit bekannt als treue Erfüllungsgehilfin George Bushs, als das Oberste Gericht Floridas am 31. Tag der Auseinandersetzung den sofortigen Beginn einer landesweiten Nachzählung aller Stimmen von Hand anordnete. Das Gericht entschied außerdem, dass 383 bisher umstrittene Stimmen Gore zugesprochen werden sollten. Bushs Vorsprung schmolz in diesem Moment auf 154 Stimmen zusammen. Für die Nachzählung gab das Gericht zwei Tage Zeit, die Begutachtung der 43 000 besonders umstrittenen Stimmen, die von den Wahlmaschinen aussortiert worden waren, begann.

In diesem Moment schritt zum zweiten Mal das Oberste Gericht der USA in Washington ein. Es gab einem Eilantrag Bushs auf sofortige Unterbrechung der Auszählung statt und setzte eine mündliche Verhandlung für den 11. Dezember an – einen Tag vor der künstlich gesetzten Frist. Bush wollte erneut belegen, dass eine manuelle Nachzählung ebenso willkürlich wie die maschinelle Zählung wäre und deswegen aus Gründen der Gleichbehandlung nicht erlaubt werden dürfe. Die Verhandlung dauerte nur 90 Minuten, die neun Richter zeigten sich schmallippig und stellten Fragen, die ihrer Parteienprägung entsprach. Dann rannen die Stunden dahin.

Einen Tag später, am Abend des 12. Dezember, zwei Stunden vor Ablauf der von allen Seiten akzeptierten Frist, wurde das schriftliche Urteil verbreitet. Die Internetseite des Gerichts brach sofort zusammen, Reporter verlasen das 65-seitige Dokument vor laufenden Kameras und versuchten gleichzeitig, den eigentlichen Urteilsspruch herauszufiltern. Die Fachleute bei Gore beugten sich ebenfalls über das Dokument und suchten seinen Sinn zu erkennen. Der Vizepräsident hatte seine erweiterte Familie in Washington versammelt und wechselte von einer Konferenzschaltung mit Anwälten zur nächsten. Um zwei Uhr morgens war Gore bewusst: Das Gericht hatte die Auszählung beendet. Das Urteil – obwohl unpräzise, voller abweichender Meinungen und wenig kohärent – mündete in die Aussage, dass es für ein faires Auszählverfahren keine Regeln und vor allem keine Zeit mehr gebe. Kurz: Nach 36 Tagen war die Wahl in Florida entschieden. Das offizielle Endergebnis gab beiden Kandidaten 49 Prozent und Bush einen Vorsprung von 537 Stimmen oder 0,009 Prozentpunkten.

Für Albert Arnold Gore junior stimmten in den gesamten Vereinigten Staaten von Amerika fünfzig Millionen neunhundertsechsundneunzigtausend und einhundertsechzehn Wähler. George Bush erhielt 539 947 Stimmen weniger. Aber das Wahlmännersystem, das nur den Sieg in den Bundesstaaten kennt, verhalf Bush zur Präsidentschaft. Am Ende fehlten ein paar Hundert Stimmen in Florida und ein paar wenige Richterstimmen.

Amerika geriet in diesen 36 Tagen an den Rand einer Staatskrise, weil jede Instanz des Gemeinwesens, jede der demokratischen Gewalten Autorität einbüßte. Eherne Grundwerte wurden missachtet in einem Duell, das an Rohheit, Brutalität und Parteilichkeit das Amtsenthebungsverfahren gegen Bill Clinton noch überbot. Die Autorität Bushs als Präsident war von der ersten Minute an untergraben, die Nation war tiefer gespalten als je zuvor.

Und Al Gore? Al Gore ging in dieser Nacht um drei Uhr ins Bett, nachdem er mit seinem Spezialisten für das Verfassungsrecht Floridas, Dexter Douglass, gesprochen hatte. Die beiden diskutierten die letzten juristischen Schlupflöcher, die ihnen die obersten Richter gelassen hatten. Douglass sagte am Ende: „Ich glaube nicht, dass ein Gericht in Florida die Sache noch einmal aufnehmen kann." Damit war die Entscheidung gefallen. Am nächsten Morgen ließ Gore erneut bei Bush anrufen, um das öffentliche Eingeständnis seiner Niederlage anzukündigen. Diesmal wollte er sich um neun Uhr abends an die Nation wenden – zur besten Sendezeit.

Gore begann seine kurze Ansprache mit einem Scherz: „Ich habe gerade mit George Bush telefoniert, ihm gratuliert zur Präsidentschaft und versprochen, dass ich diesmal nicht noch einmal anrufen werde." Dann folgten ein paar pathosgeladene Sätze über die Geschlossenheit der Nation und die Endgültigkeit des Gerichtsurteils, das er ablehne, aber gleichwohl akzeptieren müsse. Was er nun tun werde – so Gore in seltener Ratlosigkeit –, wisse er auch noch nicht. Und dann schloss er mit einem Zitat seines Vaters, der den Wahlkampf nicht mehr erleben konnte und der seinen Sohn so gerne im Oval Office gesehen hätte. Albert Gore senior hatte selbst schwer an seiner Niederlage im letzten Senatswahlkampf getragen, aber den Platz in Würde geräumt. Dem Sohn gab er damals mit auf den Weg: „Wie schwer der Verlust auch wiegt – die Niederlage kann dir auch zum Sieg gereichen, wenn sie die Seele formt und Ehre schafft."

5. Absturz und Rückkehr – Al Gore auf der Suche nach sich selbst

Im Gouverneursbüro von George Bush in Austin hing ein Porträt von Samuel Houston, dem ersten Präsidenten der Republik Texas. Houston – in eine Toga gehüllt – ließ sich in triumphierender Pose auf den Trümmern der Stadt Karthago malen. Bush sagte einmal selbstironisch über das Bild, zwischen dem Gouverneursamt und einer Deppenrolle liege nur ein schmaler Grat. Aber Bush war Houston, der Bezwinger Karthagos. Und Al Gore – der packte seine Sachen in einen gemieteten Ford Taurus und fuhr in sein persönliches Carthage, nach Tennessee, um die Wunden zu lecken.

Nach dem Urteil des Verfassungsgerichts musste Gore noch einige Wochen als Vizepräsident ausharren. Wenigstens waren die Demonstranten vor der Residenz in Washington verschwunden, die über Wochen hinweg auf der anderen Seite der Straße gestanden und gebrüllt hatten: „Raus aus Cheneys Haus!" Besonders schmerzlich wurden die letzten Tage im Amt, denn Gore musste als Vizepräsident und Senatsvorsitzender das Wahlmännergremium leiten, das im Namen und gemäß dem Willen der Wähler für den neuen Präsidenten stimmt. Vor der Abstimmung am 6. Januar 2001 gab es noch Spekulationen, ob Bush eigene Wahlmännerstimmen verweigert werden könnten. Während der Sitzung versuchten mehrere schwarze Abgeordnete, die Prozedur zu unterbrechen, weil sie damit auf die Behinderung schwarzer Wähler bei der Stimmabgabe in Florida hinweisen wollten. Dem Vizepräsidenten fiel es zu, für den rechtmäßigen Ablauf der Versammlung zu sorgen. Er selbst musste die Gruppe, die zu seinen Gunsten demonstrierte, zur Ordnung rufen und am Ende noch das Ergebnis bekannt geben. Al Gore wurde so zum Notar seiner eigenen politischen Abdankung.

Wenige Tage später saß er während der Vereidigungszeremonie in bitterer Kälte vor dem Kapitol und verfolgte Bushs Triumph mit versteinerter Miene. Bill Clinton, der mit ihm gemeinsam das Podium verließ, entdeckte James Baker, Bushs obersten Anwalt für Florida und strategischen Kopf hinter dem Nachwahldrama, unter den Gästen: „Sie waren gut in Florida, Mann, verdammt gut", sagte er und nickte dann zu Gore hinüber: „Wenn der auf mich gehört und mich ins Rennen gelassen hätte, dann hättet ihr niemals die Gelegenheit bekommen, gut zu sein."

Clinton war tief verletzt, dass seine bekannten wahlkämpferischen Qualitäten von Gore missachtet worden waren. Hier wurde sein Erbe verteilt, hier wurde über Richtung und Zukunft der Demokraten entschieden, nebenbei kandidierte seine Frau für den Senat – und er war nur Staffage. Für ein politisches Urvieh wie ihn eine Strafe. Im Kern beschuldigte er Gore, dass der in seiner Kampagne die Erfolge von acht Jahren demokratischer Regentschaft ignoriert hatte. Clinton fühlte sich, als ob über Nacht sein Erbe verspielt, seine Arbeit zunichte gemacht würde. Dabei war er es doch gewesen, der Gore überhaupt zu dieser Kandidatur verholfen hatte, schließlich war er es, der Gore mitgenommen hatte ins Weiße Haus.

Der Wahlkampf staute so viele Emotionen auf, dass die beiden Männer, die acht Jahre lang Seite an Seite gearbeitet hatten, Dampf ablassen mussten. Auf Bitten Gores kam es zu einem Treffen vor Weihnachten, bei dem die Anschuldigungen hin- und herflogen und die Stimmung explosiv war. Gore zeigte sich furios, er gab die Schuld für seine Niederlage weitgehend Clinton und dessen unbeherrschter Natur. Die Praktikantin Lewinsky habe ihn die Wahl gekostet. Clinton feuerte zurück, dass Gore einen widersprüchlichen und schlechten Wahlkampf geführt habe. Was angesichts der Wirtschaftslage und der Erfolge der letzten Jahre eigentlich ein simpler Spaziergang hätte werden können, habe Gore zerstört – unfähig und unpolitisch. Einem Vertrauten sagte Clinton: „Wenn Hillary ihre Beziehung mit mir in den Griff bekommen und mit zehn Prozentpunkten Vorsprung gewinnen konnte, dann hätte er das genauso tun können."

Bei Gore aber wurzelte die Abneigung tiefer: Acht Jahre lang hatte er im Schatten eines übermächtigen Mannes zugebracht. Den Erwartungen seines Vaters gerade entkommen, musste er sich erneut unterordnen – diesmal einem Politiker, mit dessen Stil, Leichtlebigkeit und Bindungskraft er nicht konkurrieren konnte. Gore misstraute Clinton von Beginn an, haderte mit seiner politischen Geschmeidigkeit und scheinbaren Prinzipienlosigkeit. Außerdem fühlte er sich hintergangen, weil Clinton im Jahr 1992 als „Neuer Demokrat" aus dem Süden antrat – ein politisches Etikett, das Gore schon 1988 bei seiner gescheiterten Präsidentschaftskandidatur benutzt hatte. Clinton, Gouverneur im Nachbarstaat, hatte ihm damals die Unterstützung verweigert. Vier Jahre später nahm der Senator Gore Revanche und bekannte sich erst zu Clinton, als er Vizekandidat wurde und nicht mehr anders konnte. Acht Jahre lang entwickelte sich dann im Weißen Haus ein Psychodrama, dem Gore offenbar nur glaubte entkommen zu können, indem er sich komplett aus dem Schatten Clintons löste und sein Meisterstück alleine ablieferte.

Der Streit der beiden Männer setzte sich in den jeweiligen Lagern fort und trieb die Demokraten in eine Sinnkrise. Der linke Flügel und die Getreuen Clintons warfen Gore vor, dass er in Florida nie aus der Defensive herausgekommen sei und anschließend den Druck von Bush genommen habe. Viel zu schnell habe er resigniert, statt das politische Feuer weiter brennen zu lassen. Plötzlich entdeckten alle Gores Schwächen, seinen unfertigen Wahlkampfstil, seinen Mangel an Instinkt. Zwei Präsidentschaftswahlen hatte er in den Sand gesetzt, drei lausige Debatten gegen einen unfähigen Kontrahenten abgeliefert, einen seltsamen Populismus gepflegt. Das Jüngste Gericht brach über Gore herein und trieb den Verlierer von 2000 in die innere Emigration.

Gore verließ im Februar das Land und machte sich auf nach Europa. Sechs Wochen lang reiste er mit Tipper durch Griechenland, Spanien und Italien. Er trug Sonnenbrille und zog die Mütze tief ins Gesicht, er aß viel, zu viel, nahm dabei 40 Pfund zu und ließ sich einen Vollbart stehen. Den Medien lieferte er damit die nächste Vorlage: Vollbart, das heißt Psychokrise. Der Mann wollte sich offenbar verstecken vor der Welt. Die *New York Times* spottete: „Mit seinem Hemingway-Gewächs und dem Heineken-Ranzen braucht Herr Gore jetzt nur noch ein Päckchen Gitanes und ein erdfarbenes Barett." Da war er wieder, der Beta-Typ auf der Suche nach dem Alpha-Mann in sich, diesmal verkleidet als Orson Welles. „Nach einem Leben in der Politik und acht Jahren im Westflügel verbrachte der Vizepräsident den Wahlkampf damit, sich selbst zu finden", unkte die Zeitung weiter. Nein, für die Kolumnisten und Parteiversteher war klar, dass Al Gore ein Problem war für die Politik.

Gore selbst bezeichnete sich nach der Niederlage scherzhaft als ein langsam von der „Krankheit Politik" genesender Mensch. Ganz ohne wahren Kern war die Analyse freilich nicht, nach 24 Jahren im öffentlichen Leben stellte sich so etwas wie Entzug ein. Im Haus der Gores im Washingtoner Vorort Arlington, dem Elternhaus Tippers, fand sich ein Ratgeber über Meditation – „eine jahreszeitliche Anleitung zum Nachdenken, Entspannen und Visualisieren". Tipper und er hätten eine Weile meditiert und regelmäßig gebetet, sagte Gore einmal in einem Interview. Viel mehr war ihm aber nicht zu entlocken über die ersten Monate nach dem Rückzug aus der Politik.

Über die Vorgänge in Florida und seine Gefühle im Angesicht dieser Niederlage hat er selbst sieben Jahre danach noch nie ausführlich gesprochen. Unzählige Male gefragt, immer wieder um ein Urteil gebeten, fiel seine Antwort immer gleich aus: Er sei noch nicht so weit. Es müsse mehr Zeit vergehen. Er werde sich schon äußern, aber die Vorgänge seien zu frisch, als dass er sie ausgewogen kommentieren könne. „Da ist so viel in mir in Bezug auf diese 2000er Wahlen, dass ich – obwohl ich ziemlich genau weiß, was ich sagen will –, noch mehr zeitlichen Abstand brauche. Ich brauche mehr Zeit, um zu spüren, dass ich es in einer Art präsentieren kann, die eine größtmögliche Wirkung erzielt, so dass ich die tiefere Bedeutung dieser Wahl herausarbeiten kann“, sagte er der Zeitschrift *The New Yorker.* Freunden gegenüber hat Gore gleichwohl nie einen Hehl daraus gemacht, dass er die Entscheidung des Obersten Gerichts mit nur einer Stimme Mehrheit für eine Farce hielt. Aber öffentlich ließ er sich nie zu einer Beurteilung hinreißen. Vielmehr pries er den Wert der demokratischen Spielregeln in den USA und nach den Terrorangriffen vom 11. September 2001 stützte er demonstrativ George Bush den Rücken mit dem Satz: „Er ist auch *mein* Oberkommandierender.“

Mehrere Zeitungen und Nachrichtenagenturen bemühten sich unterdessen um eine korrekte Auszählung der Stimmen in Florida, ohne dass ein befriedigendes Ergebnis zustande gekommen wäre. Die schlecht gestanzten Lochkarten oder die ungültigen Briefwahlkarten jedenfalls trugen nicht zur massiven Verschiebung des Ergebnisses bei. Wohl aber hat der berüchtigte und dem Gesetz nicht entsprechende Schmetterlingswahlzettel mit einer irreführenden Anordnung der Kandidatennamen Al Gore Zehntausende von Stimmen gekostet.

Nach seiner Rückkehr aus Europa nahm Gore nur langsam wieder Fahrt auf. Er mied öffentliche Veranstaltungen, hielt zunächst keine Reden, gab keine Interviews. Tipper und er kauften sich für 2,3 Millionen Dollar eine hundert Jahre alte Villa im Kolonialstil in Nashvilles vornehmen Stadtteil Belle Meade – ein eigenes „weißes Haus", das sie aufwändig renovieren ließen. In der Nachbarschaft, hinter alten Magnolienbäumen und auf sattem Grün, wohnten Stars der Country-Musik und der Folk-Szene. Für Aufenthalte in Washington stand Tippers altes Elternhaus zur Verfügung, außerdem gab es die Farm in Catharge und später sollte noch ein Apartment im St. Regis Hotel in San Francisco für mehrere Millionen Dollar dazukommen. Al setzte sich selbst wieder ans Steuer eines schwarzen Cadillac, in der Garage stand außerdem ein alter Mustang. Später, als die Klimakampagne an Fahrt gewann und die Gores wieder stärker ins Licht der Öffentlichkeit gerieten, wurden sie heftig kritisiert wegen des hohen Energieverbrauchs der riesigen Villa. Das 990 qm große Haus schluckte in einem Jahr 221 000 Kilowatt Strom. Gore startete daraufhin ein umfangreiches Renovierungsprogramm, ließ Solardächer montieren und Energiesparbirnen einwechseln. In der Garage standen plötzlich Jeeps mit Hybrid-Antrieb – einer für ihn, einer für sie.

2001 wandte sich Gore zunächst dem Geschäft zu. Wie jeder ehemalige amerikanische Top-Politiker konnte er gutes Geld als Redner und in der Wirtschaft verdienen. Mit dem Management der Internetsuchmaschine Google unterzeichnete er einen Beratervertrag und wurde – vor dem Börsengang – angeblich mit 60 000 Aktienoptionen versorgt, die ihn heute zum reichen Mann machen. Google war 2001 noch eine relativ kleine Firma und Gore bewies ein gutes Gespür bei der Wahl. Die Truppe um die Google-Gründer Larry Page und Sergey Brin begrüßte ihren prominenten Ratgeber am ersten Tag mit falschen Bärten.

2003 wurde Gore in den Aufsichtsrat des Computerherstellers Apple berufen, wo er ebenfalls Anrechte auf Aktien erhielt, angeblich mehrere Millionen Dollar wert. Für seine Rednerauftritte verlangt Gore bis heute Honorare, wie sie seinem Status als ehemaligem Vizepräsidenten entsprechen: 170.000 bis 230.000 Dollar pro Auftritt, Erste-Klasse-Spesen für ihn und die Entourage extra. Ein 2001 gemeinsam mit Tipper verfasstes Buch über die amerikanische Familie, „Joint at heart", wurde hingegen ein Flop. Das Werk wurde nicht wahrgenommen. Heute verfügt Gore nach unterschiedlichen Schätzungen über ein Vermögen von mehr als 100 Millionen Dollar.

Entscheidend zu diesem Wohlstand beigetragen haben zwei Geschäftszweige, die der Unternehmer Al Gore ebenfalls von 2003 an mit aller Kraft betrieb. Nach der Wahlniederlage haderte Gore besonders mit den Medien und der seiner Meinung nach einseitigen und markgetriebenen Darstellung seiner Person und seiner Politik. Noch immer mit ein wenig Journalistenblut in den Adern, sondierte er zunächst mit seinem Partner Joel Hyatt, einem altgedienten Geldsammler bei den Demokraten, die Aussichten auf den Kauf der Zeitschrift *The New Republic*, die Gores altem Studienfreund Martin Peretz gehörte. Als ihr Gebot für die Zeitschrift nicht ausreichte, suchten die beiden nach einer Investitionsmöglichkeit am Kabelfernsehmarkt. Im Mai 2004 kauften sie für 70 Millionen Dollar die Lizenz eines kanadischen Kabelsenders, der im Sommer 2005 den Betrieb einstellen sollte. Dann, so der Plan, könnte der neue Kanal auf Sendung gehen, *Current TV*. Gore schmiedete hochtrabende Pläne, das Geschäfts- und Sendemodell seiner Mitstreiter war ambitioniert. MTV für Schlaue sollte der neue Kanal sein, ein jugendliches Publikum ansprechen und vor allem von der direkten Beteiligung über eine Internetplattform leben. Zuschauer sollten eigene Produktionen als Podcast ins Programm bringen: „Wir geben den 18- bis 34-Jährigen die Macht und die Werkzeuge an die Hand, damit sie einen demokratischen Dialog starten können, damit sie in dem beherrschenden Medium unserer Zeit erzählen können, was in ihrem Leben passiert."

Zwei Jahre nach dem Start von *Current* wurde ein Drittel des Programms von den Zuschauern selbst gemacht. Soldaten erzählten aus dem Irak, junge Bands präsentierten sich, Afrikareisende berichteten von Aids-Projekten. In der Branche löste der Sender freilich Skepsis aus – noch ein Nischensender in einem Meer von mehr als 400 Anbietern auf dem amerikanischen Kabelmarkt. Und: Was eigentlich sollte das heißen – ein demokratisierter Medienmarkt, ein Anti-Establishment-Sender, ein Bollwerk gegen die großen Unternehmen, die den US-Markt beherrschen? Der kleine Sender konnte die großen Erwartungen nicht erfüllen, die Gore und seine Mitstreiter aus der Film- und Finanzbranche in ihn gesetzt hatten. Aber immerhin: *Current* war nach zwei Jahren bereits profitabel und das interaktive Modell sollte zum Lieblingsspielplatz des Mediengewerbes werden – vor allem im Internet.

Gores zweites persönliches Investitionsprogramm führte ihn in die Welt der Großinvestoren und Finanzjongleure. Gore saß bereits seit seinem Ausscheiden aus dem Amt im Vorstand einer großen Investmentgruppe – *Metropolitan West Financial* –, ehe die Firma verkauft wurde und satte Profite flossen. Gore wollte den Geldsegen erneut investieren und machte die Bekanntschaft von David Blood, einem Investmentbanker, Chef der Vermögensverwaltung von Goldman

Sachs. Gemeinsam mit Blood gründete Gore *Generation Investment Management*, eine Investmentfirma, die als oberstes Kriterium für ihre Produkte Nachhaltigkeit ausgibt. Investiert werden sollte in Märkte und Papiere, die nicht nur hohe Rendite abwerfen, sondern auch für Umweltbewusstsein und gesellschaftliche Verantwortung stehen. *Generation* ist aber kein klassischer grüner Fondsverwalter, sondern vor allem auf hohe Profite aus – dafür stand Blood. Die Firma sollte klein bleiben und exklusiv funktionieren. Normale Anleger brauchten mit ihren Sparbüchern erst gar nicht anzutreten. Außerdem wollte die Firma jede unbotmäßige Eile vermeiden – die übliche Hetze mit Quartalszahlen wollte man sich sparen – Mindestanlagezeit ist drei Jahre. Gore selbst investierte einen zweistelligen Millionenbetrag in den Fonds, fünf Prozent der Verdienste versprach er für wohltätige Zwecke zu spenden.

Im Herbst 2007 kam schließlich die vorläufig letzte Beteiligung. Gore wurde Partner der kalifornischen Risikokapitalgesellschaft *Kleiner Perkins Caufield & Byers*. Dort wollte sich Gore ebenfalls der Umweltbranche zuwenden. Die Gesellschaft verwaltet 1,5 Milliarden Dollar und wollte sich stärker nach Investitionsmöglichkeiten in der Umwelttechnologie zuwenden. Nach langen Jahren ohne besonderen Reichtum und unter quasi öffentlicher Aufsicht hatte Gore schnell ein lukratives Gewerbe gegründet. Die Familie musste sich um den Umbau des pompösen Anwesens in Nashville keine Sorgen mehr machen.

Unter den vielen Legenden der Gores ist die von der Diashow die vielleicht wichtigste und die am meisten erzählte. Al hatte 1989 als Senator zum ersten Mal sein Klima-Credo mit Hilfe farbiger Bilder präsentiert – im Haus eines prominenten Journalisten in Washington. Die Dias ruhten während der Vizepräsidentschaft im Keller, und als Gore im Frühsommer

2001 nach einer Beschäftigung suchte, soll Tipper ihn ermuntert haben, die alten Bilder abzustauben und an der Middle Tennessee State University vorzuführen. Gore kam zurück von seinem Auftritt, so die Legende, und war fürchterlich verlegen. Die Bilder hatten alle auf dem Kopf gestanden oder waren seitenverkehrt eingeordnet gewesen. Und außerdem tingelte niemand mehr mit einem Projektor und einer Leinwand durch die Säle. „Hey, Mister Datenautobahn“, soll Tipper gesagt haben, „wie wäre es, die Dinger in den Computer zu packen?“ Es entstand die Diashow, die eigentlich eine Multimediapräsentation mit Beamer und verschiedenen Flachbildschirmen ist und die später in den Dokumentarfilm „Eine unbequeme Wahrheit“ verwandelt werden sollte.

Im Sommer 2001 hielt Gore erstmals eine öffentliche Rede, noch dazu in Florida, in der er sich kritisch über George Bush äußerte. Seine Vorlesungen an zwei Universitäten in Tennessee und sein Medienkurs an der *Columbia School of Journalism* im Herbst des Jahres erlangten hingegen kaum Aufmerksamkeit. Die Journalismusdozentur in New York floppte sogar richtiggehend.

Bei jedem seiner Auftritte versuchte Gore, der schweren Niederlage einen Hauch von Leichtigkeit zu verpassen. „Hallo, mein Name ist Al Gore, ich war einmal der nächste Präsident der Vereinigten Staaten“, begann er seine Vorträge in der Regel und antwortete auf das Gelächter der Zuhörer mit todernster Mine: „Ich finde das nicht besonders lustig.“ Der Saal grölte. „Versetzen sie sich in meine Situation. Ich flog acht Jahre lang mit der Air Force Two. Jetzt muss ich die Schuhe ausziehen, wenn ich an Bord will.“

Gore entwickelte schließlich ein halbes Dutzend Eröffnungsscherze um das Motiv der gescheiterten Präsidentschaft, die bald alle auswendig kannten, die seine Schritte verfolgten. „Man kann eine Wahl gewinnen, man kann eine

Wahl verlieren – und dann gibt es noch diese weitgehend unbekannte dritte Kategorie." Oder: „Neulich war ich auf der Interstate 40 unterwegs und habe im Spiegel nach dem Konvoi geschaut. Aber es gab keinen Konvoi. Haben sie schon mal von Phantomschmerz gehört?" In der Tat gab es nicht mehr viele Journalisten, die Interesse an seinen Witzen und seinem Leben zeigten. Gore war Privatmann geworden.

Die wahren Gore-Spezialisten in den USA und vor allem in der Partei waren nur an einer Frage interessiert: Will er noch mal? Wird Al Gore ein Comeback versuchen und erneut kandidieren für die Präsidentschaft? Bereits im Sommer 2001 gab es erste Indizien, dass Gore die Hoffnung nicht ganz aufgegeben hatte. Er kritisierte Bush wegen dessen Steuerpolitik, lud zu einem Trainingsseminar für Nachwuchspolitiker aller Parteien nach Nashville ein, stellte Spendensammler an und akzeptierte eine Einladung der Demokraten im wichtigen Vorwahlstaat Iowa für eine Rede im September. Dann aber kam 9/11, der Terrorangriff auf Amerika, der jedes wahltaktische Kalkül unmöglich machte und die Politik in den USA so plötzlich verschob wie kaum ein anderes Ereignis zuvor. Gore tauchte fast ein Jahr lang ab, hinterließ nur wenige öffentliche Spuren und erfüllte lediglich einmal seine patriotische Pflicht, als er Bush nach den Anschlägen seine Gefolgschaft versicherte.

Erst im September 2002 meldete er sich zurück. Mit einem Donnerschlag. Die Anschläge lagen ein Jahr zurück und Präsident Bush bereitete das Land subtil auf einen Krieg gegen den Irak vor. Gore trat vor dem Commonwealth Club in San Francisco auf, einer liberalen Hochburg weit weg von Washington. Aber seine Worte drangen schnell bis an die Ostküste vor. In der kritischsten und bedeutungsschwersten Rede eines Demokraten gegen die amtierende Regierung seit mehr als einem Jahr forderte er Bush auf, tatsächliche Beweise für die Verbindung zwischen al-Qaida und Saddam Hussein zu liefern. Und er gab dem Präsidenten eine Warnung mit auf den Weg, die Jahre nachhallen sollte und Gore als einen der wenigen Demokraten auszeichnete, der rechtzeitig und deutlich vor dem Irakkrieg gewarnt hatte – als einen Propheten. „Wenn wir schnell gegen ein geschwächtes und ausgedünntes, viertklassiges Militär im Irak siegen und wenn wir das Land schnell sich selbst überlassen, so wie Präsident Bush fast ganz Afghanistan nach dem Sieg über eine fünftklassige Armee im Stich gelassen hat, dann wird das daraus resultierende Chaos im Irak sehr leicht zu einer größeren Gefahr für die USA werden, als wir sie jetzt durch Saddam erleben müssen." Die Rede wirkte elektrisierend, plötzlich war Gore wieder eine ernstzunehmende Größe. Gerüchte jagten einander, wann Gore seine Kandidatur für 2004 erklären würde. Das Bewerberfeld war nicht sonderlich beeindruckend. Senator Lieberman, Gores alter Mitstreiter aus dem 2000er Wahlkampf, liebäugelte bereits mit einer Kandidatur. Außerdem waren da Tipper und Tochter Karenna, deren politischer Einfluss immer mehr wuchs. Beide sagten, sie würden eine Kandidatur unterstützen, Al verdiene einen neuen Versuch. Und Gore bereitete langsam das Feld. In einer zweiten Rede griff er die Wirtschaftspolitik des Präsidenten an und versprach einen eigenen Wirtschaftsplan sowie ein Reformpaket für das Gesundheits- und Rentensystem.

Wie ernsthaft Gore die Kandidatur tatsächlich erwogen hat, ist nicht auszumachen. Die Entscheidung fällte er letztlich alleine, viele Vertraute scharte er in den frühen Wintermonaten 2002 ohnehin nicht um sich. Allerdings gab es Indizien: Nach einmonatiger Werbetour für sein und Tippers neues Buch über die Familie kehrte Gore enttäuscht nach Hause zurück. Die Nachfrage nach dem Buch war gering – auch an seiner Person. Die Finanzierung des Wahlkampfs war besonders unklar, obwohl Gore auf einen Schlag der Favorit im Rennen gewesen wäre. Auch klang Gores Kritik an Bush im Herbst 2002 in amerikanischen Ohren abwegig. Die Nation war patriotisch aufgeladen, Präsidententreue war Bürgerpflicht und das Land erwartete fast schon einen zweiten Krieg, um sich der terroristischen Bedrohung zu entledigen.

Besonders aber muss Gore das Gegrummel in der eigenen Partei irritiert haben. Der linke Rand signalisierte ihm, dass man den Verlierer von 2000 nicht noch einmal durchschleppen wolle. Schon wurden die alten Argumente ausgepackt, Gore habe die Partei gespalten und Clintons Erbe verspielt. Da half auch nicht, dass es im September 2001 zu einer Art Versöhnung mit dem Altpräsidenten gekommen war. Die beiden Männer waren in den Tagen nach dem 11. September im Ausland gestrandet, Gore kehrte mühsam über Kanada und von dort mit dem Auto nach Washington zurück, als ihn Clinton in sein neues Haus im Bundesstaat New York zum Übernachten einlud. Am nächsten Morgen, nach einer durchdiskutierten Nacht, flogen die beiden einträchtig zum Gedenkgottesdienst für die Terroropfer in der National Cathedral.

Die Nation erhielt Klarheit über eine erneute Gore-Kandidatur am 14. und 15. Dezember 2002. Zunächst nahm sich Gore in der Satiresendung *Saturday Night Live* selbst auf den Arm und amüsierte die Zuschauer mit Scherzen auf seine eigenen Kosten, als er laut über die Frage nachdachte, wie das Leben ohne die Präsidentschaft ist. „Das Gute ist, dass man die Wochenenden frei hat. Das Schlechte ist, dass man auch die Werktage frei hat." Wer Präsident werden möchte, will nicht, dass man über ihn lacht. Und vor allem zeigt er sich nicht so gnadenlos wie Gore mit dem neuen Senatsmehrheitsführer Trend Lott, den er als Rassisten bloßstellte. Am nächsten Tag machte Gore seine Entscheidung, ebenfalls im

Fernsehen, allgemeinverständlich: Er werde 2004 nicht kandidieren. „Ich habe damit abgeschlossen." Noch ein Rennen gegen Bush „wäre nicht das Richtige für mich". Es würde zu viel Licht auf die Vergangenheit werfen anstatt in die Zukunft.

Nach dieser Aussage, so berichteten Freunde, wirkte Gore wie befreit. Vielleicht war ihm aber auch nur klar, dass ein zu diesem Zeitpunkt ungemein populärer George Bush einfach nicht zu schlagen gewesen wäre.

Im Vorwahlkampf schenkte Gore seine Sympathie dem Neuengländer Howard Dean. Dean war das linke Aufstiegswunder der Demokraten im Vorwahlkampf, der einzige Kritiker des Irakkrieges und ein Wahlkämpfer neuen Typs. Al Gore wurde immer unterstellt, dass er Dean wegen seiner neuartigen Kampagnenmethoden vor allem mit dem Internet bewunderte – genau so hätte er selbst im Jahr 2000 für sich werben wollen. Später wies Gore derartige psychologische Vergleiche zurück. Dean habe als einziger den Irakkrieg abgelehnt. Deswegen die Unterstützung – bis zum Kollaps der Dean-Kampagne, die im Gelächter des Publikums unterging, als der Kandidat auf einer Bühne seltsam röhrende Laute von sich gab. Im nächsten Sommer, auf dem Nominierungsparteitag, stellte sich Gore brav in den Dienst der Partei, die John Kerry als Herausforderer für George Bush nominierte. Er hielt eine wenig beachtete Rede, gab eine kleine Aufputschveranstaltung und verschwand. Die Nominierungszeremonie sah er sich bereits wieder in Nashville im Fernsehen an.

Gore, so viel stand fest, hatte die klassische politische Arena verlassen. In seinem Washingtoner Senatsbüro hing einst eine Karikatur an der Wand, auf der ein Hund zu sehen war, der in der Oper vor klatschendem und rasendem Publikum ein Dreirad im Kreis steuert. In der Unterzeile hieß es: „Ich weiß nicht, warum die das mögen, aber ich trete mal weiter." Gore hatte aufgehört zu treten. Es gab auch keinen Applaus mehr.

6. Mr. Klima – die Umwelt als Lebensmotiv

Im Gore'schen Universum erscheint die Familie als der Fixstern, fest verankert durch unzählige Anekdoten und Lehrstücke, durch wahre und stilisierte Begebenheiten – von der Freundschaft des Großvaters mit Cordell Hull bis zum Krebstod der Schwester. Es verwundert deshalb nicht, dass die zentrale politische Botschaft Al Gores fest eingebunden ist in die Familiensaga – und das gleich in mehreren Episoden. Umwelt und Klima konnten nur deshalb zum zentralen politischen Lebenswerk reifen, weil Gore sie als zentrale Bausteine seines Lebens wahrnimmt. Von der frühesten Kindheit bis zu den Erlebnissen mit den gerade geborenen Enkeln: Die Umwelt wird zur Metapher für das eigene Dasein, sie wird über konkrete klimapolitische Maßnahmen oder wissenschaftliche Erkenntnisse hinaus stilisiert: hin zu einer Lebenshaltung, in der sich Gores intellektuelle Verankerung, seine philosophische und religiöse Weltsicht und letztlich auch seine Psyche erkennen lassen.

Gore hat ein geschlossenes System geschaffen: Leben und Umwelt werden eins – und der Umweltbegriff ist dabei tatsächlich umfassend zu verstehen. Umwelt ist nicht nur ein verschmutzter Fluss oder die kohlendioxidgesättigte Atmosphäre. Umwelt, das ist das Verhältnis des Menschen zu seiner Natur, die Beziehung zu seinen Mitmenschen. Umwelt spiegelt sich in gesellschaftlichen Verirrungen, in gefährlichen Lebensprozessen, in sozialen Spannungen. Das Thema Umwelt führt Gore in ein gewaltiges Universum und steht für die Schöpfung schlechthin. Und von dort ist es nur noch ein kleiner Sprung hin zu den philosophischen und religiösen Fragen des Lebens, die Gore seit seiner Jugend offenbar stärker bewegt haben, als dies von außen wahrzunehmen war. Sichtbar wird ein Mann, der sucht und hadert. Sichtbar wird Al Gore auf dem Weg zu sich selbst.

Dieser Weg begann im Elternhaus und mit dem Pendelleben zwischen Washington und Carthage, der Enge und Hektik der Stadt – und der Weite der Cumberland Hills, über die der Wind strich. „Ich atmete frei – tiefe Atemzüge aus voller Brust; freier, als ich jemals auf den Straßen von Washington D.C. atmete", schrieb er über seine Jugend auf dem Land. Auf der Farm in Carthage lehrte ihn der Vater „die moralische Verpflichtung, das Land zu hegen und zu pflegen". Das war in Tennessee eine bedeutende Aufgabe, denn die Gegend war durch Holzschlag und Erosion in den 1920er und 1930er Jahren ausgelaugt worden. Gore schilderte, wie der Vater den kostbaren Mutterboden auf dem kargen Untergrund hütete, wie erste Zeichen einer Erosion in den Ackerfurchen erkennbar wurden. Hier fiel die Saat für den späteren Umweltpolitiker Gore: „Von meinem Vater lernte ich verantwortungsbewussten Umgang mit unserem Land. Meine Mutter erklärte mir als Erste die Gefahr, die der Mensch für die Erde darstellt." Pauline tat dies mit einem Buch, das sie dem bereits 14-jährigen Al vorlas („das Einzige, aus dem meine Mutter vorgelesen hat, seit ich klein war"), sein Titel: „Der stumme Frühling" von Rachel Carlson.

Gore erzählt diese und andere Familienepisoden in seinem Buch und dem Film „Eine unbequeme Wahrheit". Er selbst sagte später, es sei ihm schwergefallen, derart persönlich zu schreiben und zu agieren, aber die Produzenten hätten ihm dazu geraten, um die schwere Kost verdaulicher zu machen. Freilich wirkt der starke lebensgeschichtliche Bezug oft übertrieben, sogar peinlich. Gore steht am Ende seines Umwelt-Universalgemäldes zu sehr im Mittelpunkt. Das System kreist um: Al Gore.

So jedenfalls lernte die Welt auch Roger Revelle kennen, bei dem Gore 1968 in Harvard einen Kurs belegt hatte. Der Ozeanograf und Klimatologe erforschte als einer der ersten Wissenschaftler systematisch den Kohlendioxidgehalt in der Luft – dort, wo die Atmosphäre am wenigsten verunreinigt war: über dem Hawaii-Atoll Big Island mitten im Pazifik. Revelles Diagramme, die einen konstanten Anstieg von CO_2 in der Luft und auch im Wasser dokumentierten, beeindruckten Gore sehr. Die Begegnung mit dem Forscher sollte die lebenslange Faszination für das Thema begründen.

Ernsthaft zugewandt hat sich Gore der Umweltthematik nach dem Unfall seines Sohnes 1989. Zuvor bereits war in seinem Senatsbüro eine bemerkenswerte Sammlung von Forschungsergebnissen und Erkenntnissen zur Umweltpolitik zusammengekommen, die er eigentlich in einer Serie von Fernsehdokumentationen verarbeiten wollte. Aber die Beinahebegegnung mit dem Tod seines Kindes und die dadurch ausgelöste Depression bei Tipper trieben auch Gore in eine Krise in der Mitte des Lebens, auf die er eine umfassende Antwort suchte. Mit 40 Jahren, einer gescheiterten Präsidentschaftskandidatur, wenig Befriedigung im Senat und einem massiven Problem in der Familie wollte Gore Ordnung in sein Leben bringen. Er tat dies zunächst auf 711 Seiten, später reduziert auf etwa 400, gegliedert in drei Teile und 15 Kapitel. Das Werk nannte er „Earth in Balance“, auf Deutsch: „Wege zum Gleichgewicht. Ein Marshall-Plan für die Erde“. Tatsächlich war das Buch aber mehr: Gore hatte einen Bauplan seiner Lebensphilosophie abgeliefert, eine Blaupause seiner Überzeugungen und Hoffnungen. Gore ordnete hier sein Leben und setzte es zurück auf die Gleise. Das Ergebnis dieser persönlichen Midlife-Therapie landete schon bald auf den Bestsellerlisten.

Im November 1990 begann Gore mit der Arbeit an dem Buch, dessen Inhalt er mit Hilfe unzähliger kleiner Zettelhäufchen im Washingtoner Apartment seiner Eltern konzipiert und geordnet hatte. Gores Lektor, John Sterling, erinnerte sich, wie ihm ein wirres Buchprojekt aus dem Büro des Senators angeboten wurde. Der potentielle Autor versprach, das Werk selbst zu schreiben, und war auch nicht auf ein großes Honorar aus. Sterling traf sich mit Gore in Washington und war fasziniert von der Gedankenfülle, die sich da auftat. Gore wollte nicht nur ein Buch über die Umweltthematik schreiben, ein Werk über Luftbelastung, Erderwärmung, Überbevölkerung – er verfolgte ein viel umfassenderes Konzept, im dem er mit politischen, moralischen und philosophischen Motiven jonglierte. Wissenschaft und Geschichte, Theologie und Philosophie verschmolzen so miteinander; Gores metaphernreiches Denken konnte sich in allen Disziplinen austoben. Allerdings brauchte er Hilfe bei dem Projekt, so viel war klar, eine ordnende Hand, eine konzeptionelle Stütze.

Das Werk wuchs in scheinbar selbstzerstörerischer Arbeitswut. Gore schrieb nachts, die Tage verbrachte er im Senat, stundenweise unterbrochen von der Arbeit am Buch. Dann verließ er sein Büro und lief in das Apartment seiner Eltern, das direkt hinter dem Senatsgebäude lag und als Schreibrefugium diente. Nichts war zu spüren in dieser Phase von dem gerade gegebenen Versprechen, der Familie nahe zu sein.

Die Dringlichkeit des Anliegens erschloss sich schon aus dem Arbeitstitel: „Der neue Weltkrieg“, sollte das Werk nach Gores Willen heißen, aber der Verleger riet ab, weil dieser Titel einerseits zu viele Assoziationen zu Gores sicherheitspolitischer Vita weckte, andererseits kurz nach dem Ende des Kalten Krieges falsche Schlüsse provozierte. Aus dem Manuskript wurde außerdem schnell klar, dass sich Gores Gedanken um einen umfassenden Gleichgewichtsbegriff drehten: Gleichgewicht zwischen Mensch und Natur, zwischen Verbrauch und Ressourcen. Aber Gore ging noch tiefer, er diskutierte das innere Gleichgewicht der Menschen, ihre Versklavung in der Arbeit, ihre Unruhe in einem immer hektischer werdenden Alltag, ihr Bedürfnis nach psychischer Balance. Familie, Arbeit, Natur – da war er wieder, der Dreiklang aus dem eigenen Leben.

Zunächst schildert Gore in dem Buch die Umweltkrisen, die der Mensch dem Planeten aufgezwungen hat: Verwüstung, Wasserknappheit, Gletscherrückgang, Ozonbelastung, Erderwärmung, Überbevölkerung, Ressourcenverbrauch. Weil er als Senator weit gereist war, konnte er in lebendigem Reportagestil von den Krisenzonen der Welt berichten. Gore stand auf dem Sandboden des ausgetrockneten Aralsees, er schlug sich in die Tiefen des Regenwaldes durch, er reiste zum Nord- und zum Südpol, tauchte mit einem Atom-U-Boot unter die Eisdecke und besichtigte den Sarkophag des Tschernobyl-Reaktors. So schreibt er also über ausgelaugte Böden und überfischte Meere, Müllverklappung und leere Energiespeicher. All dem haftet ein alarmistischer Ton an, häufig gepaart mit überstrapazierten Metaphern, wenn er etwa die aufziehende Umweltkatastrophe mit dem Nationalsozialismus vergleicht und mahnt, dass man eine ökologische Kristallnacht bereits ahnen könne – das Glas knirsche schon unter den Schuhen. „Die Seiten sind gefüllt mit dem evangelikalen Eifer eines Mannes, der glaubt, die Welt retten zu können“, konstatierte Gores Biograf Bill Turque trocken.

Kern des Buches sind eindeutig die Kapitel, in denen Gore sich auf die Suche nach dem Gleichgewicht begibt: die Analyse über die „dysfunktionale Zivilisation" und die Beschreibung der „Ökologie des Geistes". In diesen Kapiteln analysiert Gore das ewig labile Verhältnis des Menschen zu seiner Natur, er diskutiert Philosophie und Geistesgeschichte, vergleicht unterschiedliche Naturbegriffe – und er führt die Leser zu seinem Gott. Vor allem aber führt er sie zu Al Gore. Denn die psychologische Exegese über den Zustand der Menschheit und die Verortung des Geistes im Angesicht einer zerstörten Natur lassen keinen anderen Schluss zu, als dass der Autor hier nicht nur den problematischen Umgang der Erdenbewohner mit ihrem Planeten, sondern auch sich selbst auf die Couch legt – mitten in seiner eigenen Lebenskrise.

Das religiöse Kapitel führt den Leser hin zur Sinnfrage: Warum leben wir, was tun wir hier? Gore stellt zunächst fest, dass sich der Mensch weitgehend gelöst habe von seiner natürlichen Umwelt, dass Technik und Fortschritt den trügerischen Eindruck vermittelten, das Leben sei unabhängig von der Schöpfung. „Wir haben uns von den Versprechungen der industriellen Zivilisation ... so sehr verführen lassen, dass wir uns unbesorgt der synthetischen Routine des modernen Lebens in einer unechten Welt hingeben. ... Wir brauchen nicht unter Hitze oder Kälte zu leiden; wir brauchen nicht zu säen oder zu ernten oder zu jagen und zu sammeln. Wir können die Kranken heilen, durch die Luft fliegen, die Dunkelheit erhellen."

Gore nimmt den Leser dann mit in seine Glaubenswelt, die den verantwortungsbewussten Menschen fordert, den für die Erde sorgenden, sie bewahrenden Christen, Buddhisten oder Muslim. Der Schöpfungsauftrag Gottes als Verpflichtung zur Fürsorge für die Umwelt – eine Botschaft, die laut

Gore von den Kirchen viel zu wenig transportiert wird. Warum das so ist? Gores zentrales Lamento kreist um die Frage, warum sich der Mensch von der Schöpfung entfernt hat, warum er in der Natur seinen Gott nicht mehr erkennt und ebenso wenig die Verantwortung, die ihm übertragen wurde. Die Antwort: Unter dem Einfluss vorchristlicher Denkschulen, ganz im Erbe der griechischen Philosophie, hätten es sich der Mensch und die Kirche bis heute bequem gemacht mit der Vorstellung, dass die Menschheit von der Natur getrennt zu betrachten sei, dass durch die einzigartige Verbindung des Menschen zu seinem Gott die Natur zweitrangig und geradezu losgelöst sei.

Die Erklärung beginnt bei Aristoteles und Platon, mit einer Kernfrage der Philosophie: Ist der Geist frei, losgelöst von der Seele – oder denkt der Mensch in einem geschlossenen System, in enger Verbundenheit mit seiner Umwelt? Diese Auseinandersetzung prägt bis heute das menschliche Verhältnis zur Natur. Die kirchliche Lehre misstraute dem aristotelischen Denken und seinen Verfechtern, wie etwa dem Kirchenlehrer Thomas von Aquin. Sie sah den Menschen als Gottes Werk, als Schöpfung des Geistes, einzigartig – ein Grundverständnis, das sich auch die Denker der Renaissance zu eigen machten, später die Aufklärer und die Forscher des 18. und 19. Jahrhunderts. Gore beschreibt Raffaels Gemälde „Schule von Athen“, das Platon und Aristoteles in der Diskussion zeigt – Platon mit dem Zeigefinger gen Himmel, Aristoteles mit der Hand auf die Erde deutend. „Der neue moderne Mensch wies mit Entschiedenheit aufwärts – weg von der Natur, weg von der Erde ... Dieser neue, entkörperlichte Geist, der irgendwo über allem schwebte, konnte systematisch die Gesetze entziffern, die uns schließlich befähigen würden, die Natur zu verstehen – und zu beherrschen“, schreibt Gore. Schließlich hadert er mit seiner

Kirche, weil sie das Verhältnis der Menschen zu Gott auf das Seelenleben reduziere – die Beziehung zur Natur aber ausblende. „So begann die lange, 350 Jahre währende Trennung von Wissenschaft und Religion“, so Gore, der keinen Zweifel daran lässt, welchen Schaden diese geistesgeschichtliche Entwicklung in Bezug auf das moderne Umweltbewusstsein angerichtet habe. „Letzten Endes sind alle Diskussionen über Moral und Ethik in der Wissenschaft praktisch sinnlos, solange die Welt des Intellekts als getrennt von der physischen Welt angesehen wird.“

Die perversen Steigerungsformen dieser Geisteshaltung spiegeln sich, so Gore, in den schlimmsten Gräueltaten der Menschheit wider, in den Menschenexperimenten der Nationalsozialisten, in den Massenmorden Hitlers und Stalins. Hier waren sie also endgültig getrennt: die Fakten von den Werten, das Wissen von der Moral. „Das geheimnisvolle Vakuum zwischen Denken und Fühlen in ihren Seelen ist der Schauplatz der inneren Verbrechen.“ Gore lässt keinen Zweifel, dass die Gleichgültigkeit gegenüber der Umwelt demselben inneren Vakuum entspringt. Umgekehrt: Ein höheres ethisches Bewusstsein könnte es nicht zulassen, dass der Regenwald abgeholzt, Pflanzen und Tiere ausgerottet, die Atmosphäre zerstört und das Wasser vergiftet werden. „Werden wir (künftigen Generationen gegenüber) behaupten, dass wir von all den Dingen nichts bemerkten, weil wir moralisch schliefen?“, fragt er rhetorisch.

Gore war nie ein ausgesprochen religiöser Mensch. Er wuchs in einem Elternhaus auf, das keinen Eifer in einer organisierten kirchlichen Gemeinschaft entwickelte. Er pendelte zwischen verschiedenen Glaubensformen – einer warmherzigen, umarmenden baptistischen Gemeinde in Tennessee und der Schule in Washington mit ihrer kalten, strengen, episkopalen Erziehung. Sein Zugang zur Religion war pragmatisch, auch wenn er sich als „Wiedergeborener" bezeichnet, als Mensch, der im vollen Bewusstsein eines erwachsenen Lebens den Glauben erneut entdeckt hat und lebt. Tipper und er ließen sich erneut taufen in einer Washingtoner Vorortkirche, als Al sein erstes Mandat im Kongress antrat.

Nach der Rückkehr aus Vietnam hatte Gore etwas mehr als ein Jahr lang moralische und theologische Fragen studiert, aber einen Glaubenseifer konnte sein rationaler Geist nie entwickeln. Auch die Annäherung an die Natur bewerkstelligte er mit rationaler Disziplin, Religion war lediglich eine Stütze. Die evangelikale Rechte in den USA mit ihrem aufdringlichen Bekenntnis zu Gott und Moral ist ihm suspekt. „Das ist die amerikanische Variante derselben fundamentalistischen Impulse, die wir in Saudi-Arabien, in Kaschmir, in Religionen auf der ganzen Welt sehen", sagte er verächtlich. Glauben spielt sich bei Gore eher im Inneren ab. Seine Tochter sagte vor der 2000er Wahl, dass sich ihr Vater nach einer Niederlage möglicherweise der Umwelt und der Religion zuwenden könne. Sie lag damit nicht falsch. Wenn Gore so etwas wie ein religiöses Sendungsbewusstsein entwickelt, dann im Sinne einer modernen Öko-Spiritualität. Das Religionskapitel in „Gleichgewicht der Erde" endet denn auch mit einer geradezu biblischen Verheißung: „Wenn wir die Natur in all ihrer Fülle erfahren, mit unseren Sinnen und unserer spirituellen Vorstellungskraft, dann können wir ein unendliches Bild Gottes erhaschen, leuchtend hell wie die Sonne."

Auch in „Eine unbequeme Wahrheit" ist Gores Sprache predigerhaft, das Ziel missionarisch, die Überzeugung nicht vorgegaukelt. Aber Gore haushaltet mit seinem Gott, weil er es immer noch als die Pflicht des rationalen Menschen ansieht, seine Fehler zu überwinden, zur Vollendung zu reifen und dabei seine eigenes Gleichgewicht zu finden.

Den tiefsten Einblick in diesen psychologischen Teil seiner Gedankenwelt erlaubt Gore in dem Kapitel über die „dysfunktionale Zivilisation“. Hier erläutert er, warum sich der Mensch so schwertut, seine Verantwortung für die Umwelt wahrzunehmen, und warum er sich nur mit Mühe befreien kann von all dem geistesgeschichtlichen Ballast, den Philosophie und Religion auf ihm abgeladen haben.

Wenn Gore das „zerstörerische Grundmuster unserer Beziehung zur Natur“ untersucht, dann schaut er – nebenbei – auch auf sein eigenes Leben. Das Schicksal des Planeten und Gores Suche nach seiner eigenen Balance führen ihn zu denselben Antworten. „Ich habe mir zögerlich eingestanden, dass ich in mich hineinschauen und ein paar schwierige und schmerzhafte Fragen beantworten musste – darüber, was ich eigentlich wirklich will in meinem Leben, und warum.“ Und weiter: „Irgendwie war die Suche nach Wahrheiten über diese gottlose (Umwelt-)Krise und die Suche nach Wahrheiten über mich selbst von Beginn an dieselbe Suche.“

Ob nun die Menschheitsfamilie oder die eigene Familie ihre Macken und Dysfunktionalitäten analysieren muss – für Gore ist alles auf eine Fehlschaltung in der Psyche zurückzuführen: auf die Entkoppelung von Geist und Körper, auf die Entfremdung zwischen Intellekt und physischer Welt. Gore greift zu den Erkenntnissen der Neurologie, wenn er fragt: „Wie können wir uns allein auf abstraktes Denken konzentrieren, wenn der Rest unseres Gehirns unser Bewusstsein mit Gefühlen, Gemütsbewegungen und Instinkten überflutet?“ Dieses „schiefe Verhältnis zwischen Denken und

Fühlen" ist für Gore Ausgangspunkt für psychologische Probleme, für Krankheiten, für Störungen – vom Menschen häufig nicht erkannt oder ignoriert, betäubt von Süchten wie Alkoholismus oder Arbeitswut.

Auch im Verhältnis des Menschen zur Natur diagnostiziert Gore diese Entkopplung, die – religiös und geistesgeschichtlich bedingte – Entfremdung zwischen dem Menschen und der Schöpfung. Und auch dieser Verlust wird kompensiert mit einer Sucht, die den Schmerz betäuben soll: „Ich glaube, dass unsere Zivilisation in Wahrheit süchtig nach dem Verbrauch der Erde selbst ist." Die Umwelt wird zerstört, um die Einsamkeit, den Mangel an emotionalem Zugang zur Erde, zur Natur, zur Lebendigkeit zu überdecken. Der Mensch konsumiert, produziert, reist in die entlegendsten Winkel, ergreift Besitz, schafft und verbrennt – und er zahlt dafür einen hohen Preis: den Verlust des emotionalen Lebens.

Gore packt in seine Menschheitsanalyse alles hinein: Die Unterhaltungs- und Zerstreuungsindustrie, den Konsumwahnsinn, den Verbrauch schlechthin. Dennoch bleibe der unersättliche „Hunger nach Echtem", der – wie in jedem Abhängigkeitsverhältnis – zu gesteigerter Sucht und am Ende zu immer gewalttätigeren Kollisionen zwischen Zivilisation und Natur führe. Die Zerstörung des Planeten als Ergebnis eines pathologischen Verhaltens, eines endlosen Kreislaufs aus Sucht und Befriedigung, ein wahrhaft zerstörerischer Angriff der Zivilisation auf die Natur zum Zweck der Selbstbestätigung.

Gore, der Meister der Analogien, zieht den Vergleich zu familientherapeutischen Erkenntnissen: zur dysfunktionalen Familie. Die Familie, die von Generation zu Generation Verhaltensregeln weitergebe, diese Familie ordne sich – wie die Menschheit im Verhältnis zur Natur – lieber geistigen Normen unter. Gefühle und Gemütsbewegungen würden hingegen unterdrückt, Geist und Körper getrennt. So werden Verhaltensmuster weitergereicht – Extreme wie Missbrauch, Gewalt, ausgeprägte Emotionslosigkeit. Gore schreibt ausführlich über die Folgen des Liebesentzugs, die Suche des Kindes nach Akzeptanz durch seine Eltern und die Selbstbewusstseinsprobleme eines ungeliebten Kindes. Wenn das Kind keine Anerkennung erfahre, dann beginne es, seine Emotionen zu kontrollieren, seine Kreativität umzulenken „in roboterhafte Routine, sich abzulenken von alldem, was es vermisst". Hier wird erkennbar, dass Gore auch über seine eigene Kindheit berichtet, die Leere, die er selbst empfunden haben muss. Und er beschreibt, wie schwer der Ausbruch aus den Verhaltensmustern sei, weil ein Kind aus einer dysfunktionalen Familie aus Scham oft ein falsches Selbst konstruiere, „um das Unechte echt erscheinen zu lassen".

Das Modell der dysfunktionalen Familie benutzt Gore, um die Einstellung der Menschen zur Umwelt zu verdeutlichen: „Gesellschaften spiegeln die Pathologie der Dysfunktionalität wieder." Und Gore wäre nicht der, der er ist, wenn er das Spiel der Analogien nicht weitertriebe in alle Lebensbereiche hinein, bis hin zu den politisch zerstörerischen Gesellschaften, zu den totalitären Herrschaftsformen, die allesamt nach den Regeln der Dysfunktionalität funktionierten und aus denen ein Ausbruch so schwer sei.

Wie der Ausbruch trotzdem gelingen kann? „Der Schlüssel zur Veränderung ist das harte Licht der Wahrheit", schreibt er, denn „die Zivilisation muss sich ändern, indem sie sich mit den ungeschriebenen Regeln auseinandersetzt, die uns antreiben, die Erde zu zerstören."

„Wege zum Gleichgewicht" brachte Gore hohe Aufmerksamkeit und eine uneingeschränkte Bewunderung in der Umweltbewegung ein. Über Nacht war er zum Superstar der Öko-Szene aufgestiegen – was politisch aber nicht nur Vorteile brachte. Das konservative Lager machte sich über ihn lustig und stellte ihn als mustergültigen *treehugger* dar, einen Öko-Waldläufer, der Bäume umarmt. Gore wurde als Fantast der Linken abgetan. Das Buch weckte allerdings auch große Hoffnung auf mehr: Gore war ja Senator, ein Jahr nach der Veröffentlichung sollte er Vizepräsident sein – da müsste man doch etwas umsetzen können von all den guten und teuren Vorschlägen, die am Ende des Buchs auf hundert Seiten ausgebreitet waren.

Einen „Marshall-Plan für die Erde" hatte Gore aufgestellt, vergleichbar dem amerikanischen Aufbauprojekt für Europa und Japan nach dem Zweiten Weltkrieg. Gore schlug Programme zur globalen Geburtenkontrolle vor, zur Verbreitung moderner Umwelttechnologien, zur Reduzierung von Treibhausgasen. Erstmals diskutierte er marktwirtschaftliche Anreize für eine bessere Umweltpolitik wie den Emissionshandel und Ausgleichsmechanismen für arme Länder. Und er forderte ein weltweites Forschungsprogramm, um ein Nachfolgemodell für den Verbrennungsmotor zu finden.

Als die meisten Rezensionen geschrieben waren und Gore wieder als Politiker in Erscheinung trat, da wurde es allerdings merkwürdig ruhig. Natürlich war Gore nun der prominenteste Grüne seines Landes, aber die politische Realität der 90er Jahre in den USA hatte keinen Platz für visionäre Umweltthemen. Gore wurde vorgeworfen, er verbreite Panik, wo doch nicht einmal die Erderwärmung wissenschaftlich erwiesen sei. Später, in „Eine unbequeme Wahrheit", verwandte Gore ein langes Kapitel auf die Desinformationskampagne verschiedener ökologiekritischer Industriezweige, die das Treibhausgasthema jahrelang banalisiert und ein feindseliges politisches Umfeld geschaffen hätten.

Wie sehr diese Lobbygruppen bereits zu Beginn der Clinton-Gore-Präsidentschaft ihre Krallen ausgefahren hatten, ist unklar. Gore jedenfalls enttäuschte als Politiker viele Erwartungen, die er als Buchautor geweckt hatte. Klimapolitik geriet in den acht Clinton-Jahren nicht zur Priorität, und als Gore seine Unterschrift unter den Kyoto-Vertrag setzte, wusste er bereits, dass eine Ratifizierung im Kongress nicht durchzusetzen sein würde.

„Wege zum Gleichgewicht" war für Gore ein Selbstfindungsprojekt, die Deklaration einer Utopie. Mit ein wenig Übertreibung lässt sich das Buch als Autobiografie sehen, zumindest aber als erste Skizze zu einem Selbstportrait. „Ich hoffe, ihr mögt es", sagte er auf einer Party, „weil: Das Buch, das bin ich."

Der Politiker Gore indes, der um die Begrenztheit seiner Möglichkeiten und um das politische Klima im Land wusste, verhielt sich taktisch. Der Vizepräsident oder gar der Präsidentschaftskandidat 2000 konnte sich nicht zum *treehugger*, zur Karikatur machen lassen. Gore polarisierte deshalb die Umweltbewegung, die ihm vorwarf, sich mit dem Thema lediglich profiliert zu haben. Wieder kam die alte Klage auf: Gore sei ein synthetisches Produkt, eine Ausbund an Verlogenheit, ohne Authentizität – zu viel Kopf, zu wenig Erdung.

Gore war nicht mehr zu greifen als Umweltpolitiker, bis er nach der verlorenen Präsidentschaftswahl seine Diashow auspackte und daraus eine besondere Leidenschaft entwickelte. Mehr als 2000 Mal hat Gore die Bilder seitdem gezeigt, er trainierte junge Mitarbeiter wie Priesterseminaristen, um das

Gospel in die Welt zu tragen. „Der Film hat unser aller Leben verändert", sagte einer von ihnen. Die Multimediavorführung zum Klimawandel – bis heute bescheiden Diashow genannt – wurde zum Markenzeichen für den Umweltpolitiker Gore, für den Missionar, der die Welt vor dem Untergang bewahren will. Die Leidenschaft von „Earth in Balance" blieb erhalten, geändert hat sich lediglich die Präsentation. Gore reduzierte das umfassende Umweltthema aus dem Bestseller auf ein einziges Thema: Erderwärmung. Er entschied sich, die facettenreiche Botschaft zu einem einzigen Aufschrei zu verdichten. Und er verzichtete auf die gedrechselte Sprache, die komplizierten Zusammenhänge, den philosophischen Unter- und den psychologischen Überbau. Stattdessen zeigte er Bilder.

Die Multimediashow „Eine unbequeme Wahrheit" wurde so zur Reduktion eines Lebensthemas – dafür geriet sie umso eindrucksvoller. Statt den ausgetrockneten Aralsee und die auf Sand gestrandete Fischereiflotte zu beschreiben, zeigte er lediglich ein Bild. Eine Comic-Animation machte in wenigen Sekunden komplizierte wissenschaftliche Zusammenhänge klar. Und all der religiöse und psychologische Ballast wurde abgeworfen zugunsten der Hauptfigur Al Gore. Die Botschaft, die Gore 1991 noch kunstvoll in einen geistesgeschichtlichen Kokon verpackt an den Leser gebracht hatte, war nun beschränkt auf Anekdoten aus dem Leben und auf lebensverändernde Zäsuren. Gores Biografie erscheint als Aneinanderreihung von Ereignissen und Erlebnissen, an deren Ende der Klimaretter geboren war. Vom ersten Gespräch mit dem Vater an über die gemeinsam mit Tipper erlebte Natur bis hin zum Hurrikan Katrina fügt sich Erfahrung an Erfahrung, bis das System Gore geschlossen erscheint. Eine Lebensreise zum Filmfinale.

2001, ein Jahr nach der Wahlniederlage, brachte Gore die Diashow auf Tournee und bemerkte bei den Zuschauern eine interessante Entwicklung. Sie reagierten ungemein emotional. Das Potential dahinter erkannten der Hollywood-Produzent Kevin Wall und der Regisseur Davis Guggenheim. Sie schlugen Gore vor, die Show in einen Film umzuwandeln. Für die Dreharbeiten wurde ein denkbar simples Format gewählt. Gore trat in einem eigens aufgebauten Studio auf, eine Stahlrohrkonstruktion, abgehängt mit schwarzen Tüchern. Zuschauer saßen im fast geschlossenen Oval um die laufstegartige Bühne, an deren Stirnseite eine gewaltige Videowand den Kreis schloss. Die Kameras fingen Gore aus unterschiedlichen Perspektiven auf, wie er seine Volkshochschulvariante der aufziehenden Klimakatastrophe präsentierte – Klimatabellen, Satellitenaufnahmen, visuelle Zeugnisse für vom Klima angerichtete Zerstörung. Dreimal wurde der Vortrag aufgenommen, anschließend zusammengeschnitten und dramaturgisch überarbeitet – eine simple und weitgehend problemlose Produktion. Lediglich die Hubbühne, auf der Gore mit den Temperaturkurven dramatisch eindrucksvoll an die Studiodecke emporgeliftet werden wollte, versagte ihren Dienst.

Der Inhalt des Films ist für einen klimapolitisch interessierten Menschen eher eine Enttäuschung. Wer die CO_2-Debatte verfolgt, wer Berichte der Klimaforscher liest, ist mit den Grundaussagen vertraut: steigende Temperaturen durch den Treibhauseffekt, eine höhere Zahl extremer Wettersituationen, der Gletscherschwund und die Polschmelze in Arktis und Antarktis, der dadurch verursachte Anstieg der Meeresspiegel und der abnehmende Salzgehalt des Wassers mit möglichen Folgen für die großen Meeresströme. Gore verbindet die Klimaphänomene zu einem einzigen apokalyptischen Szenario und vermittelt das Gefühl, dass der Untergang kurz bevorsteht.

Prompt zog er sich Kritik von Fachleuten zu, wenn auch die Mehrzahl das Werk lobte und seine Wirkung bewunderte. Nachdem der Film an alle britischen Sekundarschulen verteilt worden war, urteilte ein Gericht, dass die Regierung – wenn sie schon Gores Weltsicht als Anschauungsmaterial zulasse – auf insgesamt neun Fehler aufmerksam machen müsse. Falsch ist vor allem Gores Darstellung über den Anstieg der Meeresspiegel. Eine Computersimulation zeigt im Film, wie etwa New York oder die Niederlande überschwemmt würden, wenn der Wasserpegel um sieben Meter stiege. Gore macht allerdings nicht klar, dass all dies nicht über Nacht geschehen, sondern wohl Jahrhunderte bis Jahrtausende dauern würde.

Falsch ist auch ein direkter Zusammenhang zwischen dem Anstieg der Temperatur und dem Monster-Hurrikan *Katrina*, den Gore herstellte. *Katrina*, der zur Überschwemmung von New Orleans führte, hat in Amerika eine gewaltige Regierungsverdrossenheit ausgelöst und wurde von nicht wenigen als biblisches Zeichen verstanden. Aber auch ohne religiöse Überhöhung stellte zum ersten Mal die Mehrheit der Amerikaner einen Zusammenhang zwischen einer Naturkatastrophe und dem Klimawandel her, und Gore nutzte diese Sensibilisierung, um sein Plädoyer wirkungsvoller zu gestalten. Bis heute ist aber der direkte Zusammenhang zwischen starken Hurrikanen und der Erwärmung der Atmosphäre nicht bewiesen.

Der Film bot Gore die Gelegenheit, sich über das politische Alltagsgeschäft zu erheben: Klimakampf ist für ihn kein politisches Spiel mehr, es ist eine moralische Pflicht. Wer seine Meinung nicht teilt, ist unmoralisch – Widerspruch zwecklos. Wer die Klimakatastrophe politisch instrumentalisiert, der wird verlieren – New Orleans und der Hurrikan lieferten den Beleg. Erstaunlicherweise regte sich gegen diese moralische Überhöhung kein Widerstand in Amerika, der Film war zu wuchtig, als dass politische Kritik etwas hätte ausrichten können. Gore wurde lediglich wegen der schmalzigen Erzählstellen kritisiert, in denen er sein Leben ausbreitet. In Interviews distanzierte er sich später gerne ein wenig von diesem dramaturgischen Kniff – als wäre ihm der populäre Ansatz peinlich. „Der Film ist ziemlich unterhaltsam geworden und es ist doch eine Menge Wissenschaftliches drin“, sagte er etwa. Aber er weiß auch, warum die Menschen in die Kinos gingen. Hier wurde ihnen eine Lebensbotschaft präsentiert, gepaart mit einem apokalyptischen Szenario – eine Tragödie und ihr Held waren zu besichtigen. Das war der richtige Stoff für die Leinwand, und Gore genoss jeden Augenblick, weil „ein Film die Menschen auf eine Weise erreicht wie kein anderes Medium“, sagte er. „Das Gemeinschaftserlebnis und die große Leinwand erzeugen Magie.“ Also darf es ein wenig unterhaltsam sein, denn Dokumentarfilme dieser Art „sind eine der letzten Möglichkeiten, ein Publikum mit einer langen, komplizierten Botschaft zu erreichen“.

Das Publikum wurde in der Tat erreicht. Am 24. Mai 2006 kam „Eine unbequeme Wahrheit“ in die Kinos, eine Woche später lag das Begleitbuch dazu auf den Ladentischen. Gore startete eine ausgeklügelte Medienoffensive. Das Druckwerk war nicht mehr als die Filmfassung auf Papier. Mehr ein Bilderbuch zum Blättern, teilweise mit demselben Erzähltext wie im Film. Später kam noch eine Kinderversion auf den Markt, außerdem ist eine Variante für junge Erwachsene zu haben – Hollywood-Merchandising für Anspruchsvolle. 24 Millionen Dollar spielte der Film ein und wurde damit die dritterfolgreichste Dokumentation der Geschichte – nach „Fahrenheit 9/11“ von Michael Moore und dem „Marsch der Pinguine“ von Luc Jacquet.

Al Gore wurde zum Kinostar. Und Amerika hatte endlich seine Botschaft verstanden. Nach der dramatischen Niederlage gegen George Bush, der langen Zeit der inneren Emigration und dem mühevollen Comeback war Gore wieder im Geschäft. Er hatte seine Botschaft formuliert, er suchte und fand den direkten Weg zu den Menschen – und erstmals musste er sich nicht um politische Befindlichkeiten scheren. Seine zweite Lebenskrise war überstanden, erneut bezwungen mit Hilfe des Umweltthemas, niedergerungen mit eisernem Willen und intellektueller Disziplin. Doch das Beste war: Gore war der Politik entkommen, er hatte mit seinem Lebensthema den Nerv des Zeitgeistes getroffen. Nun stand er im Mittelpunkt – ob gewählt oder nicht. Man hätte den Eindruck gewinnen können, Al Gore sei nun an seinem Ziel angekommen.

7. Öko-Superstar – Nobelpreis, Oscar, Emmy und ein stiller Triumph

Wenn in den USA die Natur grollt, dann werden die Menschen zu Voyeuren und zu demütigen Helden. Ob Schneestürme, Tornados, tropische Wirbelstürme, Feuer oder Fluten – Amerika reagiert fasziniert und heroisch. Fast nirgendwo ertragen die Menschen die Naturgewalten stoischer und in positiverem Geist als etwa in den Tornadogürteln im Süden, wo alljährlich wie bei einem Roulettespiel der Lauf der Windhosen beobachtet werden kann. Sind die Holzhäuser zerstört und die Dächer abgedeckt, dann werden eben neue Holzhäuser gebaut. Reißt ein Eissturm im Nordosten die Stromleitungen von den Masten, dann werden eben neue Kabel über der Erde gespannt. Heldenstorys haben eine längere Halbwertszeit als Jammergeschichten, der positiv denkende Pioniergeist siegt über den Verstand, der Leitungen vielleicht unter die Erde gelegt oder besseres Baumaterial verwendet hätte.

Für ein Volk, das den Wetterkanal im Fernsehen erfunden hat, ist die Natur ein Spektakel, im glücklicheren Fall gar Unterhaltung. Das Wetter ist in der Regel keine Sache der Behörden oder der Politik. Die alljährlich von den Wirbelstürmen heimgesuchten Küstenbewohner im Süden und Südosten erwarten keine Wunder von ihrer Regierung – ein bisschen Aufbaugeld und Katastrophenhilfe reichen meistens schon. In diesem gewaltigen Koloss Amerika wird die Natur als derart übermächtig wahrgenommen, dass sich ein Zusammenhang zwischen dem Eingriff des Menschen und den Naturgewalten nicht unbedingt aufdrängt. Wer einmal einen Tornado über der Prärie von Oklahoma beobachtet hat, der darf sich klein und unbedeutend in einem gewaltigen Schöpfungswerk vorkommen. Der Mensch bleibt Pionier in dieser unendlichen Landschaft – er nimmt sich die Natur mit Gewalt, er bahnt sich seinen Weg mit Kraft und am besten hochmotorisiert, weil er immer unter dem Eindruck lebt, dass in der schier unendlichen Weite genügend Ressourcen auf ihre Ausbeutung warten und dass die gewaltige Natur geradezu unbezwingbar ist, gemessen an seiner Winzigkeit.

All das sind Gründe, warum es in den USA kein gewachsenes Umweltbewusstsein gibt wie etwa in Deutschland. Im dicht besiedelten Europa ist es unmittelbarer zu spüren, wenn der Mensch in ökologische Systeme eingreift. Wenn die Wüstenbewohner von Phoenix aus ihrer klimatisierten und künstlich bewässerten Oase ausbrechen, dann können sie immer noch Hunderte Kilometer Ödland durchqueren, ehe sie eine andere Klimazone erreichen. Wer im Auto in den Weiten Neuenglands in einem Schneesturm stecken bleibt, der wird einsam und ängstlich angesichts einer solchen Naturgewalt und sich wenigstens eine kleine menschliche Siedlung, den Anschluss an die Zivilisation herbeiwünschen.

Und so kommt es, dass in Amerika ein anderes Umwelt- und Klimabewusstsein entstanden ist, dass die USA pro Tag ein Viertel des weltweiten Rohölbedarfs konsumieren, rund 20 Millionen Barrell; so kommt es, dass der Durchschnittsamerikaner ein Drittel mehr Müll produziert als der Durchschnittseuropäer; so kommt es, dass die USA den höchsten CO_2-Ausstoß pro Einwohner verzeichnen: 20 Tonnen pro Jahr – doppelt so viel wie ein Durchschnittsdeutscher.

Wer in den USA Klimapolitik betreiben will, der muss also erst einmal einen Klimawandel in den Köpfen herbeiführen, der muss nicht weniger leisten, als den Blick der Menschen auf ihr Land zu verändern. Eine Veränderung des amerikanischen Umweltbewusstseins erfordert also viel politischen Willen, eine kritische Masse an veränderungsbereiten Bürgern und im Idealfall ein Erweckungserlebnis.

Alle drei Voraussetzungen wurden in den letzten Jahren erfüllt. So wie der 11. September die neue Form der Verwundbarkeit deutlich gemacht hat und mit einem Schlag ein sicherheitspolitisches Zeitalter begründete, so kam es auch in der Umweltpolitik zu mindestens zwei großen Ereignissen, die Amerika zum Umdenken zwangen: dem Hurrikan *Katrina* und dem Ölpreisschock.

Der tropische Wirbelsturm *Katrina* traf am 26. August 2005 auf die Küste Floridas, überquerte die Halbinsel als Hurrikan der Kategorie eins und driftete dann wieder auf den Golf von Mexiko hinaus, wo er neue Fahrt aufnahm. Dann drehte er nordwestlich und erreichte die Küste Louisianas, wo Dämme brachen und Flutpumpen versagten. *Katrina* war zum Sturm der Stärke fünf angewachsen mit Windböen von bis zu 340 Kilometern in der Stunde. Die Stadt New Orleans, die zu großen Teilen unterhalb des Meeresspiegels liegt, wurde überschwemmt, mehr als 1800 Menschen starben, eine Million wurden obdachlos, die Versorgung brach zusammen. Insgesamt entstand ein Schaden von 125 Milliarden Dollar. *Katrina* war der zerstörerischste Sturm, der je die USA getroffen hatte. Er war außerdem einer der stärksten Stürme, die je im Golf von Mexiko gemessen wurden, allerdings gleich übertroffen vom Hurrikan *Rita*, der nur eine Woche später in dieser sturmreichen Saison seine Bahnen zog. Derart viele Hurrikans bildeten sich 2005, dass die Buchstaben des römischen Alphabets nicht ausreichten, sie mit Namen zu versorgen. Am Ende musste man auf das griechische Alphabet ausweichen.

Katrina bewirkte, was jahrzehntelange Lobbyarbeit der Umweltbewegung nicht geschafft hatte. Amerika diskutierte den Klimawandel. Wissenschaftler fanden das eher kurios – starke Stürme gab es immer, und ein direkter Zusammenhang zwischen der Hurrikansaison 2005 und der Erderwärmung ist nicht herzustellen. Aber politische Köpfe der Linken sahen darin einen späte Revanche: Präsident Bush hatte den Irakkrieg auch deshalb beginnen können, weil er die Amerikaner im Glauben bestärkte, dass Saddam Hussein hinter den Anschlägen vom 11. September steckte. Nun hatte Bush eine Klimadebatte am Bein, obwohl der Anlass ebenso konstruiert war. Die US-Regierung zahlte außerdem für ein katastrophales Krisenmanagement – die Bilder aus New Orleans bestätigten die Amerikaner in ihrem Eindruck, dass ihre Führung hier, ähnlich wie im Irak, schlicht überfordert war.

Das plötzlich erwachte Klimabewusstsein wurde durch die Entwicklung am Ölmarkt bestärkt. Die Krise im Nahen und Mittleren Osten und der rapide wachsende Rohstoffbedarf der Schwellenländer sorgten für ein neues Marktbewusstsein. In den USA wurde Klimapolitik bis dato allemal als Energiepolitik betrieben. In der großen Ölkrise in den 70er Jahren hatte die Regierung das Schlagwort von der Energiesicherheit geprägt. Seitdem sind die Probleme der Rohstoffversorgung Teil der amerikanischen Sicherheitspolitik. Allerdings wird die Disziplin traditionell verengt betrachtet – reduziert auf die Fragen, wo Energie möglichst günstig, ausreichend und zuverlässig zu erwerben ist.

Mit *Katrina* und den steigenden Ölpreisen wurden neue Fragen gestellt: Warum verbrauchen wir so viel? Wo liegen alternative Energiequellen? Wie gewinnt man erneuerbare Energie? Wie ist es um das Versorgungsnetz bestellt, um Straßen, Eisenbahnen, den Nahverkehr? Liegt das größte Energiepotential nicht in der Einsparung, also: Wie lassen sich Häuser dämmen, Energiekosten senken, sparsamere Autos bauen? Zwei Prinzipien einer neuen amerikanischen Klimastrategie kristallisierten sich heraus: Umwelt- und Klimapolitik werden nur über das Hilfsthema Energiesicherheit ins Land einziehen, und das Regulativ muss der Markt sein. Dirigistische Eingriffe der Politik scheitern an der mächtigen Lobby – und am trägen Wähler in einem Land von 250 Millionen Einwohnern. Die beste Waffe ist immer noch der Zapfhahn an der Tankstelle, und nichts ändert die Einstellung schneller als ein Blick in den Geldbeutel oder die Aussicht auf satte Gewinne, etwa in einem Markt alternativer Energiequellen.

Katrina zerstörte New Orleans, als in breiten Schichten der amerikanischen Bevölkerung bereits ein neues Umweltbewusstsein zu sprießen begann. Die föderale Struktur Amerikas erlaubt Bundesstaaten, Gemeinden und Regionen eine hohe Autonomie, auch beim Erlass etwa von Umweltstandards. Besonders an der Westküste hatte sich eine neue Pionierstimmung breitgemacht. Kalifornien, schon in den 70er Jahren Vorreiter in der Abgastechnologie für Fahrzeuge, wählte Arnold Schwarzenegger zum Gouverneur, der mit einem klaren Umweltversprechen angetreten war. Sein Bundesstaat und (bis 2007) mehr als 435 Gemeinden im ganzen Land verpflichteten sich, ungeachtet der Politik in Washington die Richtlinien des Kyoto-Protokolls umzusetzen. Das betraf immerhin 61 Millionen Menschen – ein Viertel der US-Bevölkerung. Überhaupt: Arnold, der Öko-Terminator. Schwarzenegger war der erste Republikaner des Landes, der sich ein glaubwürdiges grünes Image zulegte. Der Mann, der einst für Hedonismus und exzessiven Lebensstil stand, der den Hummer-Militärjeep zum Kultauto machte und keine Probleme hatte, gallonenweise Sprit durch den Motor zu jagen, dieser Schwarzenegger verkörperte plötzlich eine glaubwürdige Synthese aus klassischem Konservativismus und Öko-Fundamentalismus. Als Al Gore ihn eines Tages auf sein umweltschädliches Symbolfahrzeug ansprach, gelobte Schwarzenegger sofort Besserung. Kurz darauf ließ er sich vor einem Hybrid-Hummer abbilden, später stieg er ganz auf klimafreundlichere Fahrzeuge um.

Katrina verstärkte den Eindruck vieler Menschen, dass die USA auf eine Umweltkatastrophe zusteuerten. 40 Prozent der Amerikaner sagten nach der Sturmkatastrophe, dass sie angesichts der globalen Erwärmung „sehr besorgt" seien. In einer anderen Umfrage antworteten drei Viertel der Befragten, dass ohne Verzug etwas für den Klimaschutz getan werden müsse. Peter Goldmark, ein Klimaexperte der Umweltorganisation *Environmental Defense,* schrieb: „2006 und 2007 werden als jene Jahre gelten, in denen Amerika sich entschloss, die Erderwärmung als gravierende Krise zu begreifen." Und die Umfrageergebnisse wurden immer eindeutiger: Je mehr Zeit verstrich, desto mehr stieg die Nervosität.

Präsident George Bush ging so weit, dass er in seiner Rede zur Lage der Nation 2007 erstmals eingestand, dass es das Phänomen der Erderwärmung gebe – ein Sakrileg für all jene Lobbygruppen, die sich jahrelang der Unterstützung des Weißen Hauses sicher sein konnten und Zweifel an der Existenz neuer Klimaphänomene gesät hatten. Allerdings: So ganz die Seiten wechseln wollte Bush dann doch nicht. In den internationalen Klimaverhandlungen über eine Nachfolgeregelung für das Kyoto-Abkommen bremste er weiter, während europäische Staaten gemeinsam mit kanadischen Provinzen und US-Bundesstaaten wie Kalifornien oder New York Sonderabkommen schlossen. Klima-Außenpolitik funktionierte plötzlich nicht mehr im nationalen Rahmen, Washington hatte die Kontrolle über Teile der amerikanischen Außenbeziehungen verloren.

Zwei gegenläufige Philosophien trennen Europäer und Amerikaner in ihrer Klimapolitik. Während in Europa und besonders in Deutschland der Glaube an die ordnende Hand des Staates obsiegt, sind die USA zutiefst marktgetrieben. Die EU setzt sich „Klimaziele“, will zum Jahr x die Summe y an Treibhausgasen einsparen. Amerika misstraut diesem Staatsdirigismus und glaubt statt dessen an die lenkende Kraft des Marktes. Schon ist eine Diskussion über die Getreideversorgung der Bevölkerung entbrannt, wo immer mehr Bauern auf die Produktion von lukrativen Biokraftstoffen umschwenken. Die größten Konzerne des Landes wie General Electric, BP, Alcoa oder ConocoPhillips haben sich zu einer *Climate Action Partnership* zusammengeschlossen, die von der US-Regierung schärfere Gesetze verlangt. Ihr Kalkül ist simpel: Wenn die Industrie sich nicht an die Spitze der Bewegung setzt, dann wird sie getrieben werden. Ähnlich wie in der Zigarettenbranche könnte es vielleicht sogar einmal zu gewaltigen Klagewellen kommen.

Auch die Hochfinanz hat sich dem Trend angeschlossen. Goldman Sachs, JP Morgan oder große Banken wie die Citigroup investieren Milliarden in saubere Technologiezweige. Pensionsfonds und Anlageunternehmen suchen sich bevorzugt Investitionsbereiche, die nicht nur Gewinn, sondern auch ökologisch saubere Geschäfte versprechen. Al Gore will zwar das Honorar aus seinen Finanzbeteiligungen spenden, aber über Gewinnausschüttungen hat er noch nichts verlauten lassen. „Der Markt für erneuerbare Energie ist vermutlich die größte Geschäftschance des 21. Jahrhunderts“, sagt der Investor John Doerr. Drei der größten Börsengänge aus dem Jahr 2005 fanden in der Solarbranche statt. Fotovoltaik, Windenergie oder Biomassekraftwerke – US-Firmen versuchen aufzuholen, was sie über Jahre hinweg verschlafen haben. Europäische Anbieter, bisher respektabel am Markt vertreten, spüren plötzlich die Konkurrenz. Wer den amerikanischen Markt erschließt und beherrscht, der wird zum Weltmarktführer.

Erwartungsgemäß schwenkte mit der Stimmung in der Wirtschaft auch das politische Klima um – im Lager der Republikaner bemerkenswerterweise genau dort, wo einst die fanatischsten Parteigänger saßen: bei der religiösen Rechten. Der Klimawandel wird dort als Botschaft Gottes verstanden, die Bewahrung der Schöpfung gehört zum zentralen Glaubenskatalog der Evangelikalen. Problemlos fügt sich die andere Seite der Gleichung in die Argumentation dieser Gruppierung: Die religiöse Rechte ist allemal auf dem Rückzug, bei ihr zeigen sich die stärksten isolationistischen Tendenzen in der Außenpolitik. Raus aus dem Irak und raus aus dem Nahen Osten – dieser Schlachtruf macht nur Sinn, wenn auch die Abhängigkeit vom Öl aus der Region gemildert wird. „Öko-Zeitgeist", spotten zwar die Hardliner, aber dieser Zeitgeist hat sich festgesetzt. Nach der Wahl 2008 wird auch Washington die Wende einleiten und den Bundesstaaten und dem Meinungstrend folgen. Kein Kandidat für die Bush-Nachfolge, der nicht eine umfassende Klimapolitik in seinem Programm hätte. Die USA werden dann vermutlich auch einem weltweiten Emissionshandelssystem beitreten, das den besten Anreiz zur Reduzierung von Treibhausgasen liefert.

Amerikas Sicherheitspolitiker haben die Zeichen ebenfalls erkannt, das Land ist verwundbar. Nicht weniger steht auf dem Spiel als der globale Führungsanspruch der USA. Nach den Jahrzehnten des Kalten Krieges und einer trügerischen Zwischenphase mit einer unipolaren Weltordnung geht Amerikas Dominanz langsam verloren. Neue Wachstumsgiganten aus Asien zeigen auch ihre politischen Muskeln. Chinas geostrategische Interessen in Afrika treten deutlich hervor, besonders die rohstoffreichen Staaten wie Nigeria oder der Sudan erfreuen sich hoher Aufmerksamkeit aus Fernost. Der Kampf um Rohstoffe wird darüber entscheiden, wie stark die Volkwirtschaften weiter wachsen können, ob am Ende das Wohlstandsversprechen für Hunderte von Millionen von Menschen wahr wird – oder ob es zu gesellschaftlichen Spannungen kommt, zu einer aggressiven Entladung nach innen oder gar im Äußeren.

Auch Russland hat seine außenpolitische Kraft mit Hilfe einer machtorientierten Rohstoffpolitik wiedergewonnen. Während der Präsidentschaft Vladimir Putins entwickelte sich ein neuer außenpolitischer Stil, der Russlands Einfluss vor allem in den Nachbarstaaten über den Hebel Rohstoffpolitik vergrößerte. Gerade Putin machte den USA deutlich, dass die klassischen Methoden der Machtpolitik nicht mehr funktionierten, dass künftig die Verfügbarkeit über Rohstoffe das Kräftegleichgewicht der Mächte beeinflussen wird. Amerika, noch immer von seinen akuten Weltkrisen und vor allem vom Dilemma im Irak gefesselt, erkennt erst langsam, dass es in einer gefährlichen politischen Abhängigkeit lebt. Der enorme Energiehunger macht schwach und schmälert den außenpolitischen Einfluss. Unterschwellig wird auch in der Öffentlichkeit die energiepolitische Verletzlichkeit bereits gespürt.

Gores Film erschien zum perfekten Zeitpunkt in den Kinos. Ein halbes Jahr nach *Katrina* und mit der wachsenden Ungeduld gegenüber dem Irak-Abenteuer lechzte die amerikanische Öffentlichkeit nach einer alternativen Botschaft. Erst im

November 2006 würden die Kongresswahlen ein Ventil bieten, die Demokraten hatten noch keine überzeugenden Führungspersönlichkeiten. Deswegen pilgerten die Menschen im Frühjahr 2006 in die Kinos. Und sie kauften das Begleitbuch, das wochenlang auf den Bestsellerlisten stand. Wie sehr Gore das neue amerikanische Umweltbewusstsein förderte, ist nicht zu messen. Aber einen gesellschaftlichen Trend hat er definitiv beschleunigt. Die Botschaft war da – nun konnte Al Gore die Rolle des Botschafters übernehmen, die des amerikanischen Klima-Heroen.

Wo es um Helden und Bösewichte geht, hat Amerika seine eigene Abteilung. Das Schauspielgewerbe Hollywoods stellt nicht nur Hauptdarsteller für die großen Dramen der Nation, es lebt vor, wie man amerikanische Ideale und den korrekten Lebensstil in Einklang bringen kann. Deswegen war es unausweichlich, dass Hollywood das Grüne entdecken musste – übrigens lange bevor die Zeitschrift *Vanity Fair* im Mai 2006 und damit kurz nach der Premiere von Gores Film *The Green Issue*, das „grüne Heft", auf den Markt brachte – mit Leonardo DiCaprio und dem Berliner Eisbären Knut auf dem Titel, zusammengefügt per Fotomontage auf einer Eisscholle vor Grönland, wo es eigentlich keine Eisbären gibt. DiCaprio, Julia Roberts oder George Clooney sind die Helden der neuen Bewegung, sie verbreiten die Botschaft mit hoher Ernsthaftigkeit und zeigen der Nation, wie hip ein Hybrid-Auto sein kann.

Die Politisierung Hollywoods war überfällig, zumal das Schauspielgewerbe nach den Terrorangriffen in eine Angststarre gefallen war und die sonst übliche Warner-Rolle an der Garderobe abgegeben hatte. Hollywood brauchte ein politisches Thema, und deswegen war es plötzlich vorbildlich, wenn man ökologisch korrekt, innovativ und mahnend durchs Land zog. Das Gute hat ein neues Zuhause gefunden, und der Zeitgeist schien diesmal mehr als eine Übergangserscheinung zu sein.

Es gibt Spötter, die behaupten, Al Gores Aufstieg in Hollywood funktionierte nach einem eiskalten Kalkül. Es war eben diese Schauspielerlobby, die sich einen politisch glaubwürdigen Vertreter besorgen musste für ihre Agenda. Ein wenig seltsam ist die junge Liebe zwischen dem ehemaligen Vizepräsidenten und der Unterhaltungsindustrie schon. Al Gore und seine Frau Tipper standen in den 80er Jahren noch unter dem McCarthy-Verdacht, weil sie die Kunstfreiheit aus politischen Motiven einschränken wollten – die Frau des Senators hatte gewaltverherrlichende und sexistische Musiktexte bekämpft. Im 2000er Wahlkampf drohte Gore der Unterhaltungsindustrie erneut schärfere Strafen an, wenn sie ihre Orgien der Brutalität nicht in den Griff bekäme. Und nun: „Eine unbequeme Wahrheit", die Klimadokumentation ohne Happy End, dafür mit einem leibhaftigen und glaubwürdigen Politiker in der Hauptrolle. Gore sagte nach der Veröffentlichung des Films einmal, die Mechanismen in Hollywood und in der Politik seien ziemlich gleich – „an einem Tag sind alle Scheinwerfer auf dich gerichtet, du wirst von allen geliebt; und am nächsten Tag ist alles dahin". Er jedenfalls misstraue diesem Wechselspiel.

Dieses Misstrauen sollte Gore freilich nicht davon abhalten, seine Tage im Rampenlicht auszukosten. Im Februar 2007 entschloss sich Hollywood, den zum Dokumentarfilmer umgeschulten Politiker in den Olymp zu befördern. Al Gore sollte dabei sein, wenn die Glamour-Elite des Landes ihre Könige krönt, und deswegen wurde „Eine unbequeme Wahrheit" nominiert für die Oscar-Auszeichnung in der Kategorie

Dokumentarfilm. Nur: Eigentlich konnte Al Gore gar nicht nominiert werden, denn üblicherweise wird nicht der Hauptdarsteller eines Dokumentarfilms ausgezeichnet, sondern der Regisseur. Da Gore aber das Gerüst des Films zu verdanken war – die Diashow und vor allem die wissenschaftliche Arbeit dahinter – war es nur recht und billig, dass er vor dem *Kodak Theatre* in Los Angeles auf den roten Teppich sollte.

Die *Oscar*-Zeremonie ist der Höhepunkt des amerikanischen Glamour-Jahres, übertragen zur besten Sendezeit und weltweit von mehr als einer Milliarde Zuschauern verfolgt. *Oscar*, das entscheidet über Auf- und Abstieg in der Sympathierangliste, über Marktwert und Studiomacht. Das Spiel kann mit dem falschen Dekolleté schon verloren sein und mit einem schlagfertigen Satz gewonnen werden. *Oscar*, das ist keine Sache des Zufalls, sondern eine lange choreographierte Show, einstudiert mit Stilberatern, Schmuckmäzenen, Gag-Schreibern und Designerfreunden. Eine der meistgestellten Fragen des Abends lautet nicht „Was trägst du?", sondern „Wen trägst du?"

Al Gore entschied sich für einen Smoking von Ralph Lauren, der angepasst werden musste – seit seinen Jahren in der Politik hatte Gore beträchtlich an Gewicht zugelegt. Außerdem wählte er eine hybrid-angetriebene Limousine wie die meisten der Stars, die erstmals in der Geschichte des Oscars zu einer „grünen" Gala vorfuhren. Grün, das bedeutete bei Oscars: Der Müll wurde getrennt, die Präsentationskarten waren auf „teilrecyceltem Papier" gedruckt, beim Gouverneursball gab es organisches Essen, und die Reste wurden an Obdachlose weitergegeben. Das Fußvolk hinter den Kulissen bekam sein Essen auf wiederverwertbarem Geschirr geliefert und Melissa Etheridge durfte vor der Veranstaltung ihren eigens für den Gore-Film komponierten Song trällern: „Ich muss mich bewegen, ich muss aufwachen, muss mich verändern, muss aufrütteln, muss es aussprechen, etwas aufbrechen. Ich habe geschlafen und muss jetzt aufwachen.“ Dafür wurde sie prompt mit dem Oscar für die beste Originalmusik belohnt. Und natürlich wurde Gore mit Regisseur Guggenheim auf die Bühne gebeten, um aus der Hand von Leonardo DiCaprio die Auszeichnung für den besten Dokumentarfilm entgegenzunehmen. Was für ein triumphaler Moment.

Gore hatte sich perfekt vorbereitet auf diesen Augenblick. Mit fast 50 Millionen US-Bürgern vor den Fernsehschirmen und einer Milliarde Zuschauern weltweit war dies der richtige Zeitpunkt, eine zentrale Frage zu beantworten. Seit Tagen schon überschlugen sich die Kommentatoren mit Spekulationen, ob Gore doch noch einmal antreten könnte für einen Präsidentschaftswahlkampf. Nachdem andere Kandidaten ihre Absichten in Satiresendungen oder Mitternachtstalkshows kundgetan hatten – warum nicht die Oscar-Nacht nutzen für diesen wichtigen Moment?

Gore hob an wie ein amtierender Präsident in einer Fernsehansprache an die Nation: „Meine amerikanischen Landsleute, Bürger auf der ganzen Welt – wir müssen die Klimakrise lösen. Das ist keine Frage der Politik, das ist ein moralisches Thema. Wir haben alles, was es für einen Start braucht, mit Ausnahme der Bereitschaft zu handeln. Aber das ist ein erneuerbarer Rohstoff. Lasst ihn uns erneuern.“ Dann folgte ein perfekt choreographierter Dialog mit DiCaprio, der Gore umschmeichelte, ihn als Inspiration pries und demütig fragte, ob er nicht eine „wichtige, wichtige Ankündigung“ zu tun gedenke an diesem Abend. Gore, scheinbar geschmeichelt und ganz präsidentiell, straffte das Kreuz, holte tief Luft und hob an: „Ich bin überwältigt von den Gefühlen, die hier aufkommen. Obwohl ich das jetzt ehrlich nicht geplant habe, denke ich, jetzt – wo eine Milliarde Menschen zuschauen – gibt es keine bessere Gelegenheit. Deshalb, meine amerikanischen Mitbürger, ergreife ich diese Gelegenheit, um jetzt in aller Form meine Absicht zu erklären ..."

In diesem Moment wurde Gore das Mikrofon abgestellt, die Musik schwoll an, die zweieinhalb Minuten Selbstdarstellung, jedem Preisträger zugestanden von der Academy, waren abgelaufen. Der Saal tobte. Gore hatte eine knisternde Spannung erzeugt, die sich sofort verflüchtigte. Aber hinter dem wohlkalkulierten Spaß steckte tiefer Ernst. Gore spielte mit der Präsidentschaft, er hatte – erstmals in seinem Leben – die Souveränität, mit seinem obersten Daseinsziel einen Spaß zu treiben. Gore war wirklich souverän geworden. Das Publikum lag ihm zu Füßen. Die Bewunderung war noch mehr gestiegen. Wenn sie jemals einen Präsidenten Gore gewollt hatten, dann jetzt.

Die Oscar-Verleihung war der Klimax einer außergewöhnlichen Auferstehungskampagne, „die Rückkehr eines Helden", wie Regisseur Guggenheim sagte. Al Gore wurden so viele Sympathien zuteil wie nie zuvor in seinem Leben. Er, den seine Freunde mit mystischem Unterton *the Goracle* nennen, stand auf dem Zenit der Popularität. Seit der Premiere beim Sundance Festival vor fast einem Jahr war Gore von Eröffnung zu Eröffnung gejettet um sich bejubeln zu lassen für AIT, wie das Filmteam „An Inconvenient Truth" intern nannte. Die Verwandlung vom gefallenen Präsidentschaftsbewerber und geschmähten Politiker zum Weltstar hatte sechs Jahre gedauert. Der Co-Produzent von AIT, Laurie David, nannte ihn einen „Superhelden", Gore sei „populärer, als er es jemals zuvor gewesen war – und er weiß es". Regisseur Guggenheim stellte fest: „Überall wo er hinkommt, feiern sie ihn wie einen Rockstar." An der Universität Toronto brach der elektronische Ticketverkauf zusammen, als 23 000 Menschen in drei Minuten die Eintrittskarten zu der Diashow kaufen wollten. An der Boise State University in Idaho erzählten sie stolz, dass die 10 000 Karten für die Arena schneller weggegangen seien als bei Elton John.

John Lesher, Präsident der Filmverleihfirma Paramount Ventage, sagte, er habe diesen „Zeitgeistmoment" erahnt, als er den Film unter Vertrag nahm. Überhaupt, Zeitgeist: Im Triumph konnte sich Gore vor Freunden nicht retten, und nicht wenige aus der linksliberalen Öko-Schicki-Micki-Szene rühmten sein Gespür für eben diesen *Zeitgeist*. Das deutsche Lehnwort wurde gerne bemüht.

Hatte sich nun also Gore geändert – oder die Welt um ihn herum? Die Filmleute waren mit ihrer eigenen Marketing-Analyse schnell zur Stelle: „Wir mussten die Leute davon überzeugen, dass die Dokumentation nicht langweilig würde", sagt Lesher. Aber die Marke Gore war längst in den Köpfen verankert, ein schwieriger Typ: für Demokraten ein Wahlverlierer, für Republikaner ein linker Öko. Warum es dennoch funktionierte? „Weil er rüberkommt als einer, der durch all diese Dinge gehen musste: Nachzählung in Florida, Oberster Gerichtshof, bye-bye Weißes Haus. Dann entscheidet er sich, diese Ein-Mann-Diashow zu machen, und plötzlich ist diese unglaubliche Integrität zu sehen."

Gore betrieb allerdings auch eine besonders intensive Marketingkampagne. Er kam zu Premieren in der ganzen Welt – von Tokio bis Zürich –, er hielt seinen Vortrag vor der Nationalversammlung in Frankreich und traf in den Machtzentren Europas gekrönte und gewählte Häupter. Die Vereinten Nationen zeigten die Diashow, und mehrere nationale Schulbehörden orderten die DVD, um sie im Unterricht einzusetzen. „Die Popkultur ist ein wichtiger Teil des Systems, in dem ich meine Botschaft vermittle", sagte Gore in seiner typisch gestanzten Sprache und signalisierte, dass er den flüchtigen

Ruhm eines Filmstars schon richtig zu nehmen wisse. Außerdem sei ihm klar, „dass auch ein roter Teppich am Ende nur ein Teppich ist".

Wer sich nun geändert hat? Guggenheim, der Regisseur, sagte: „Die Leute fragen mich, warum Gore nicht so war, als er Präsident werden wollte. Aber ich glaube nicht, dass Al sich geändert hat. Wir haben uns geändert. Das Umfeld hat sich geändert. Er ist derselbe geblieben." Und Gore, immer bedacht auf die Kontrolle der Gefühle, schrieb in einer Mail an die *Washington Post*: „Ich bin der Meinung, der Zeitgeist hat sich gedreht. Er spiegelt den gesteigerten öffentlichen Willen wieder, die Krise anzugehen und zu lösen. ... Und außerdem gibt es vielleicht ein Körnchen Wahrheit in dem Satz ‚Was dich nicht umbringt, macht dich nur stärker'. Vielleicht bin ich also ein bisschen stärker geworden in den letzten sechs Jahren."

Die Marke Gore zog nach der Oscar-Verleihung von Triumph zu Triumph. Die Diashow war plötzlich überall auf der Welt gefragt. Gore verlangte ein stattliches Honorar – und Banken, Versicherungen oder Energiekonzerne öffneten den Geldbeutel. Die alte Wirkungsstätte, der Kongress, lud zu einer Anhörung und Gore brachte die Diashow auf den Hügel nach Washington, begleitet von fiebrigen Diskussionen, ob er nun noch einmal – oder ob er nicht ... Gore war das letzte Mal im Kongress gewesen, als er den Vorsitz des Wahlmännergremiums übernehmen musste, das seine Niederlage in der Präsidentschaftswahl festhielt. Die Rückkehr hätte triumphaler nicht ausfallen können. Als Gore durch die Flure zu dem Anhörungszimmer lief, applaudierten Abgeordnetenmitarbeiter. Einer rief: „Run, Al, run!" – eine inzwischen allzu bekannte Aufforderung an den Mann, 2008 die Präsidentschaft anzugehen.

Eigentlich treten ehemalige Präsidenten und Vizepräsident nur selten vor den Ausschüssen des Kongresses auf. Gore nahm im März 2007 die Einladung an, weil er der neuen demokratischen Mehrheit – seit November 2006 im Amt – Respekt zollen wollte und zufrieden war mit der Tatsache, dass sein Lebensthema nun mit allem Ernst in den Hallen des Parlaments diskutiert wurde. Dort drehte sich der Klatsch allerdings weniger um Klimatabellen und Temperaturkurven, als um Gores politische Ambitionen. Unzählige Freunde und Sympathisanten ließen sich zitieren mit ihrer Einschätzung, ob Gore antreten würde zum großen politischen Rennen. Würde er sich dieser Tortur noch einmal aussetzen, jetzt, da er die Freiheit gekostet hatte, da er sein eigener Herr war, trotz aller Berühmtheit immer noch gelegentlich alleine reisen konnte, selbst am Steuer saß (Gore war immer schon ein gefürchteter Raser) und auch die schönen Seiten des Lebens genießen konnte? Nach einer Vortragsveranstaltung in Deutschland ließ er sich einen komfortablen Mietwagen vor das Hotel stellen und entschwand nicht per Flugzeug, sondern über die Autobahn. Er wollte seinem Sohn, der ihn begleitete, dieses deutsche Musterbauwerk zeigen und durchmaß deshalb die Republik mit dem Fuß auf dem Gaspedal und zum Entsetzen der Sicherheitsleute, die sich nicht vorstellen konnten, wie der ehemalige Vizepräsident der USA irgendwo in der Eifel oder im Hunsrück den Wagen auftankte.

Wo Hollywood zuschlägt, ist die Musikbranche nicht weit, weshalb es nur eine Frage der Zeit war, bis das Klima die Konzertarenen füllen würde. Kurz nach der Oscar-Verleihung wurde das Großprojekt angekündigt. Wenn schon Bob Geldorf für die Armen und die Entrechteten aufspielen lässt, warum sollte dann nicht Al Gore für die Erde als Ganzes ein Konzert veranstalten? Der Produzent Kevin Wall hatte die

Idee und machte sich Gores Popularität zunutze, um weltweit die Stadien zu bespielen. Zwölf Konzerte auf sieben Kontinenten, aufgeführt am 7.7.2007 – Gore ließ die Zahlenmagie spielen und kombinierte das Ganze noch mit einem Katalog von 77 Versprechen, die von den Konzertbesuchern erfüllt werden sollten – eine Gebrauchsanleitung zur Rettung der Welt in Eigeninitiative.

Für den Konzertmarathon stellten sich mehr als 150 Künstler zur Verfügung. Wie immer sollten die Gewinne aus der Veranstaltung einem guten Zweck gespendet werden, diesmal natürlich einem Klimabündnis, das Cheforganisator Wall selbst gegründet hatte. Sponsoren in den jeweiligen Konzertorten mussten für eine kostendeckende Organisation sorgen, und Wall ließ weltweit Radio- und Fernsehstationen anwerben, die das Spektakel übertrugen.

Diesmal aber hatten sich Gore und die Klima-Chic-Fraktion aus Hollywood verschätzt. Schon die Organisation des Marathons sah sich ungeahnten Schwierigkeiten gegenüber. In Rio de Janeiro wollte eine Richterin das Strandereignis verbieten – weil es der Umwelt schade. In Istanbul musste das Konzert abgesagt werden, weil sich keine Sponsoren fanden. In Hamburg füllte sich das Stadion nur spärlich mit am Ende 30 000 Zuschauern, und die stadteigene Vermarktungsgesellschaft blieb auf einem Defizit von fast einer Million Euro sitzen. Besondere Schwierigkeiten machte das Konzert auf dem siebten Kontinent – der Antarktis. Weil man im tiefsten Winter auf der Südhalbkugel keine Band einfliegen konnte, von Zuschauern ganz zu schweigen, musste eine Forschercombo einspringen. Die Hausband der britischen Polarstation Rothera spielte zwei Stücke aus ihrem Repertoire – fünf Wissenschaftler und ein paar Zuschauer sorgten so für die nötige Zahlenmystik und gelangten zu unerwartetem Weltruhm.

Gore aber wurde heftig angegrifftn. Obwohl der Veranstalter einen Klimaberater eingestellt und auf die Umweltverträglichkeit des Konzerts geachtet hatte, wurde das Spektakel wegen des hohen Energieverbrauchs kritisiert. Gore lernte einmal mehr: Das Leben als moralisches Vorbild ist nicht leicht – je höher der Zeigefinger, desto anspruchsvoller jeder Atemzug. Privatjet, spritschluckende Limousinen, hohe Heizkosten im Eigenheim – Gore wurde plötzlich an den Maßstäben gemessen, die er selbst aufgestellt hatte.

Mit dem Konzert war das Jubeljahr noch lange nicht zu Ende. Im September wurde Gore der Gründerpreis der *International Emmy Awards* verliehen, diesmal nicht für die Verdienste im Klimaschutz, sondern für seinen Fernsehsender *Current TV.* Begründung: Die Initiatoren des Fernsehsenders hätten kulturelle Grenzen überwunden und sich damit für die Menschlichkeit eingesetzt. Für Zyniker war indes klar: Gore stand für das Richtige und Wahre, der Mann war zur Ikone des Gutmenschentums geworden, mit ihm wollte sich nunmehr jeder schmücken.

Für den Friedensnobelpreis wurde Gore bereits im Frühjahr nominiert. Im Oktober verkündete das Komitee in Oslo seine Entscheidung. Neben Gore waren etwa der deutsche Altbundeskanzler Helmut Kohl für seine Verdineste um die deutsche Einheit, eine saudische Fraueninitiative oder chinesische Bürgerrechtler in die Auswahl gelangt. Anders als die Auszeichnungen in den Fachdisziplinen wird der Friedensnobelpreis nicht von der Akademie in Stockholm, sondern von einem Komitee in Oslo verliehen, das traditionell von der norwegischen Arbeiterpartei dominiert wird. Die politische Botschaft, die mit der Preisvergabe einhergeht, war auch schon in den Jahren zuvor eindeutig gewesen: Das Komitee hatte Jimmy Carter, Kofi Annan und die Vereinten Nationen, die Internationale Atomenergiebehörde IAEO und ihren Leiter Mohammed el-Baradei ausgezeichnet – in der klaren Absicht, gegen die amtierende US-Regierung und deren politischen Kurs ein Zeichen zu setzen.

Am 12. Oktober, wie immer punkt elf Uhr mitteleuropäischer Zeit, lüftete das aus nur fünf Mitgliedern bestehende Gremium das Geheimnis: Ausgezeichnet wurden Al Gore und das *Intergovernmental Panel on Climate Change* (IPCC), der Weltklimarat, ein Bündnis aus Wissenschaftlern und Klimaexperten, das im Auftrag der Vereinten Nationen die Erkenntnisse der Wissenschaft zur Klimaentwicklung zusammenträgt, in einem aufwändigen Prozess prüft und gewichtet und damit eine unanfechtbare Grundlage für die politische Diskussion schaffen soll. In der Begründung aus Oslo hieß es, das IPCC habe durch seine wissenschaftlichen Berichte einen breiteren Konsens über die Klimaveränderung herbeigeführt. Die Absicht hinter der Vergabe war eindeutig: Der Preis sollte die Skeptiker zum Verstummen bringen, die immer wieder und vor allem in den USA einen Zusammenhang zwischen dem menschlichen Umweltverhalten und dem Klimawandel leugnen. Bei Gore war die Sache simpler: „Al Gore ist seit langem einer der führenden Umweltpolitiker der Welt", schrieb das Komitee. „Er ist diejenige Person, die vermutlich am meisten dazu beigetragen hat, in der Welt ein größeres Verständnis für die Maßnahmen zu schaffen, die jetzt ergriffen werden müssen." Weniger verklausuliert sollte das heißen: Gore ist Mr. Klima, er ist der weltweit bekannteste Umweltschützer.

Die Nachrichtenagenturen nahmen zunächst nur den Preisträger Gore wahr – seine Auszeichnung hatte den höheren Erkennungs- und Unterhaltungswert. An dieser Wahrnehmung sollte sich auch in den nächsten Tagen nichts ändern, obwohl das Komitee ausdrücklich betonte, der Preis werde „zu gleichen Teilen“ vergeben. Das IPCC, auch schon weil es nicht durch eine Person zu symbolisieren war, wurde im Post-Nobel-Zirkus fast schon ignoriert. Die Zeitungen in aller Welt debattierten stattdessen die Themen, die jedes Jahr debattiert werden: Hat der Preisträger den Preis verdient? Oder wäre nicht besser eine weniger prominente Organisation ausgezeichnet worden – mit größerer Wirkung?

Gore und der Klimarat waren nicht die Ersten, die den Friedensnobelpreis für ihr Umweltengagement bekamen. Das Komitee hatte schon in den Jahren zuvor deutlich gemacht, dass es einem umfassenderen Sicherheitsbegriff folgte. 2004 erhielt Wangari Muta Maathai aus Kenia den Preis für ihr Umweltengagement und den Beitrag zur nachhaltigen Entwicklung. 2006 wurde Mohammed Yunus ausgezeichnet, der mit seiner *Grameen Bank* Mikrokredite vergibt und damit der Entwicklungshilfe einen neuen Impuls verleiht. Beide Preisträger betrieben keine Sicherheitspolitik im klassischen Sinn. Dass der Nobel-Ausschuss diesem breiten sicherheitspolitischen Ansatz folgt, ist auch der schriftlichen Begründung für das Preisträgerpaar 2007 zu entnehmen: „Umfangreiche Klimaverschiebungen können die Lebensbedingungen eines großen Teils der Menschheit verändern und bedrohen. ... Die Gefahr für gewalttätige Konflikte und Kriege, innerhalb und zwischen Staaten, könnte steigen.“

Wieder einmal beschäftigte die Öffentlichkeit die Frage, ob das Komitee seiner heimlichen Leidenschaft erlegen war und versucht hatte, Politik zu machen – vor allem Politik gegen Washington? Und im Fall Gores: Wollten die Norweger den Mann etwa in eine Präsidentschaftskandidatur treiben? Das Timing immerhin war perfekt. In den USA machten sich die Kandidaten für das Vorwahlspektakel bereit, die Aufstellung der Demokraten stand bereits und Al Gore galt als die große Unbekannte in der Gleichung. Würde er, oder würde er nicht?

Für Gore entfaltete der Friedensnobelpreis in Europa eine vergleichbare Wirkung wie der Oscar in Amerika. Der Status als politischer Superstar, als Ikone der Umweltpolitik war zementiert. In Europa hat der Preis nach wie vor einen hohen Stellenwert und kommt fast schon einer Berufung in ein Heiligenkabinett gleich. In den USA hingegen hat sich gerade in den letzten Jahren der Eindruck breitgemacht, dass sich die Preisrichter vom sicherheitspolitischen Empfinden des Landes entfernt haben – Frieden aus Osloer Sicht hat mit dem Frieden in den Augen vieler Amerikaner nur noch wenig zu tun. Die Auszeichnung für den ehemaligen Präsidenten Jimmy Carter kurz vor dem Irakkrieg war ein klares politisches Signal gegen die amtierende Regierung. Ebenso die Ehrung für die Atomenergiebehörde. Ein wenig hatten die Osloer ihre Glaubwürdigkeit also verspielt – und da die Wahl auf Gore gefallen war, wurden auch hinreichend viele Vorurteile in den USA wiederbelebt. Das *Wall Street Journal* etwa druckte am Tag nach der Verkündung keine Würdigung der Person Gore – weder kritisch noch sympathisch –, sondern beschränkte sich auf eine Aufzählung von Kandidaten, die nach Meinung der Zeitung den Preis eher verdient hätten.

Al Gore reagierte gelassen auf die Nachricht. Er gab eine kleine Pressekonferenz in den Räumen der *Alliance for Climate Protection*, seiner politischen Netzwerkorganisation in Palo Alto, sagte ein paar Sätze des Dankes – und verschwand wieder. Die Fragen der Journalisten, was dies nun für eine mögliche Präsidentschaftskandidatur bedeute, überhörte er geflissentlich. Warum sollte er auch antworten? Er war der einzige Mensch, der in einem Jahr den Grand Slam im Auszeichnungs-Business gewonnen hatte: den Oscar, den Emmy und den Friedensnobelpreis. Und er war dem üblichen Schicksal eines politischen Verlierers entkommen. Nein, Al Gore war kein Paria mehr, er wurde nicht einfach vergessen wie John Kerry oder Bob Dole. Al Gore war wieder da.

8. „Run, Al, run“ – Präsidentschaft 2008 oder Warum Al Gore ein tragischer Held bleibt

Die Sport- und Veranstaltungshalle der New York State University in Buffalo bietet bequem Platz für 6000 Zuschauer. Die Basketballmannschaft der Universität und auch die Ringer erfreuen sich großer Beliebtheit auf dem Campus. Am 27. April 2007 aber wurden in der Arena die Projektionsflächen für Gores Multimediashow aufgebaut. 4000 Zuschauer hatten Karten für die Nachmittagsvorführung erworben, die Abendveranstaltung war ausverkauft. Gore zeigte wie immer seine Klimabilder, am Ende aber gab er dem Thema einen neuen Dreh und hielt eine Philippika über die Verwerfungen in der amerikanischen Politik, ja im demokratischen System des Landes überhaupt. Das System habe versagt, es reagiere nicht auf die Klimakatastrophe, es führe einen falschen Krieg im Irak, es halte Gefangene in Guantanamo ohne Rechtsgrundlage und spioniere seine eigenen Bürger aus. Nun sei es an der Zeit, dass die Bürger diese gefährliche Entwicklung stoppten. „Niemand sonst wird es tun. Die Politik ist gelähmt. Die Bürger selbst müssen es in die Hand nehmen.“

Nach der Kampfrede stand eine Studentin auf und stellte eine simple Frage: „Wenn diese Dringlichkeit bei der Erderwärmung besteht, sollten Sie dann nicht nur Menschen aufklären, sondern auch helfen, die notwendigen Veränderungen durchzusetzen – indem Sie für die Präsidentschaft kandidieren?“ Die Halle tobte, das Mädchen sank in einer theatralischen Geste auf die Knie und flehte mit erstickter Stimme: „Bitte, ich werde Sie wählen.“ Die anwesenden Reporter registrierten einen donnernden Applaus, einen Aufschrei im Publikum, der eine halbe Minute lang nicht verstummen wollte. Gore wartete, bis sich die Aufregung gelegt hatte, dann sagte er so wie schon viele Male zuvor den simplen Satz: „Ich habe nicht vor vor zu kandidieren.“

Amerika wählt im November 2008 den nächsten Präsidenten. George Bush wird dann acht Jahre lang regiert haben. Im Land macht sich ein gewaltiger Stimmungswechsel breit. Zum ersten Mal seit dem Zweiten Weltkrieg haben die US-Bürger die Wahl zwischen völlig unverbrauchten Kandidaten. Der Amtsinhaber kann nicht mehr antreten, und kein amtierender Vizepräsident steht bereit, um das Erbe fortzuführen. Aber es gäbe ja Gore, den ehemaligen Vizepräsidenten.

Wer Gores Rückkehr auf die öffentliche Bühne und das Geschick bei der Neuerfindung seiner Person beobachtet hat, der wird irgendwann bei dem Kandidatenrätsel landen. Allein das Jahr 2007, entscheidend für die Positionierung im Vorwahlkampf, kam einer Meisterinszenierung gleich, die keiner der politischen Hauptdarsteller in Washington überbieten konnte. Erst der Oscar, dann eine wachsende Politisierung in Reden und Artikeln, dann der Emmy und der Friedensnobelpreis, und schließlich als politische Tankfüllung ein 320-seitiges Buch, erschienen im Mai, mit allem, was ein Kandidat mitzuteilen hat.

„Angriff auf die Vernunft“, auf Englisch „The Assault on Reason“, wurde zu Gores zweitem politischen Manifest. Nach dem Klimafilm und der klaren Positionierung als Umweltpolitiker startete er nun den Generalangriff auf die herrschende Klasse in Washington, auf den Zustand der US-Politik und auf die Medien. Nun kam alles zusammen, was sich in Interviews, Reden und Aufsätzen in den Jahren seit 2000 angesammelt hatte – ein komplexes Gedankengebäude über die Nation und die gesellschaftlichen Verwerfungen. Man könnte das Buch auch als Wahlprogramm lesen.

Gore findet Gefallen daran, große Zusammenhänge in Buchform aufzuarbeiten. Das Medium gibt ihm offenbar die Gewissheit, dass er sein Gedankenwerk vollständig darstellen kann. Hier schöpft er aus seinem historischen und philosophischen Wissen, hier präsentiert er die Früchte umfassender Lesestudien, die ihn bis zur Frankfurter Schule führen. In „Angriff auf die Vernunft" führt Gore den Beweis, wie sehr die älteste Demokratie der Welt ausgehöhlt wurde, wie der Grundgedanke der Teilhabe an der Politik abgelöst wurde von Soundbite-Politik, billiger Unterhaltung und Scheinwichtigkeit – alles transportiert und verstärkt vom beherrschenden Medium dieser Zeit, dem Fernsehen. Verloren sei er, der öffentliche Diskurs, der Streit um Meinungen, der ehrliche Ringkampf der Argumente. Gore führt den Beweis am Beispiel der zentralen politischen Themen, die das Land aus der Bahn werfen: Irak, die Allmacht der Exekutive im Spiel der staatlichen Gewalten, die zerstörerische Rolle des Fernsehens und die Dominanz der Glaubensideologien über die Wissenschaft, vor allem in der Klimapolitik. „Die amerikanische Demokratie", so Gore, „läuft Gefahr, von innen ausgehöhlt zu werden."

Vor allem die Macht des Fernsehens ist Gore suspekt, der Strom von Text und Bild hin zu den Konsumenten, ohne dass diese Zuschauer eingebunden würden, ohne dass sie der narkotisierenden Wirkung entgehen könnten. Gore vergleicht sie mit den Hühnern, die er auf dem Hof seiner Eltern in Tennessee zu hypnotisieren lernte – eine in allen Lebensphasen gerne gebrauchte Anekdote. Seit der verlorenen Präsidentschaft haderte der gelernte Journalist mit der Zunft. Einen ersten Ausbruch erlaubte er sich bereits im Oktober 2005 in einer Rede vor den versammelten Branchengrößen in New York. Gore bemängelte vor allem die Eindimensionalität der Medienwelt, den Verlust „des öffentlichen Forums". Kronzeuge war der deutsche Philosoph

Jürgen Habermas mit seiner These von der Refeudalisierung der Öffentlichkeit: Das Volk verlöre sein Wissen, weil es nicht mehr teilhaben könne an der Politik; und damit verlöret es auch den Zugang zur Macht. Politik finde nur noch statt im kleinen Kreis der Eingeweihten.

Gore testete seine Ideen bereits 2001, als er ein Journalistenseminar an der Columbia University in New York gab. Aber die Studenten wandten sich ab, als er ihnen klarmachen wollte, dass Journalisten gar nicht die fairen, abwägenden Transporteure von Informationen seien, für die sie sich hielten, sondern auch Schaden anrichteten mit der Neigung, jede Randnotiz ohne Rücksicht auf die Verhältnismäßigkeit aufzublasen. „Objektivität – macht euch nichts vor", war Gores Credo, der seine eigenen Erfahrungen mit dieser Objektivität gemacht hatte.

Tatsächlich schlich Gore im Jahr 2000 als geprügelter Hund von der Bühne. Das Verhalten der Medien ihm gegenüber war exzessiv. Die Neigung amerikanischer Journalisten zur Persönlichkeitsexegese, gerade im Wahlkampf, hatte ihn tief erschüttert. Weil er in der Präsidentschaftsdebatte gegen Bush ein paar Mal ungeduldig geseufzt hatte, wurde er wochenlang der Arroganz bezichtigt. Gore empfand die Berichterstattung als unfair – nicht nur am Wahlabend, an dem der Fernsehsender *Fox* mit einem vermeintlichen Endergebnis für Florida eine Dynamik auslöste, die kein Gericht mehr stoppen konnte. Beispielhaft war auch das berüchtigte Internetzitat. Gore wurde vorgeworfen, er habe sich als „Erfinder des Internets" gebrüstet. Das wäre natürlich lächerlich gewesen, aber Gore hatte es auch nicht behauptet. Als Senator war er maßgeblich daran beteiligt, die Finanzierung des Internets im Kongress zu organisieren und das Medium damit gesellschaftsfähig zu machen. Nun aber wurde ein Zitat verdreht („Ich habe das Internet [politisch] geschaffen") und ihm vorgehalten als Beleg dafür, dass er zu schamloser Übertreibung neige. Die Schmähung ging so weit, dass sich zwei der tatsächlichen Schöpfer des Internets zu Wort meldeten, Vinton Cerf und Bob Kahn, und Gore in Schutz nahmen.

Gore wollte mit diesen Medien offenbar nichts mehr zu tun haben. Sie versagten in ihrer Informationspflicht, so seine feste Meinung. Deswegen kreierte er seine eigene Medienwelt. Die erste große politische Rede nach dem Rückzug ließ er online über das Portal *MoveOn.org* verbreiten. Das Internet schien ihm das geeignetere Medium zu sein, um mit seiner Anhängerschaft in Kontakt zu treten. „Disintermediation" war das Schlagwort – die Umgehung der klassischen Informationsvermittler und der direkte Zugriff auf den Konsumenten mit Hilfe des Internets. Dieser Prozess ließ sich sogar noch steuern – mit Hilfe von bestimmten Internetplattformen, die sich der interaktiven Demokratie verschrieben hatten und ein eigenes Netzwerk bildeten.

Gore wurde ein großer Fan dieser Medienwelt, sein Fernsehsender *Current TV* funktioniert nach einem ähnlichen Schema. Heute stellt er strikte Regeln auf, wie seine Veranstaltungen wahrgenommen werden können. Statt auf Agenturen oder klassische Fernsehkanäle vertraut er lieber auf die Prinzipien des *viral marketing* – einer Flüsterkampagne im Netz, der Verbreitung von Information mit Hilfe von Blogger-Sphären und E-Mail-Verteilern. Wer Gores Internetseite anklickt, wird zunächst nach seiner elektronischen Postadresse gefragt.

Aber nicht nur mit seinen Attacken auf die Medien bewies Gore Mut. Er war der erste namhafte US-Politiker, der die Regierung Bush wegen der Irak-Invasion anging. Und am Martin-Luther-King-Gedenktag 2006 startete er einen Generalangriff auf die illegale Abhörpraxis der Geheimdienste.

Seine Position zum Irakkrieg brachte ihn für den Präsidentschaftswahlkampf in eine komfortable Situation. Er war der einzige potentielle Kandidat der Demokraten, der frühzeitig – vor der Invasion nämlich – die Folgen korrekt vorhergesehen und gegen die Kriegsentscheidung Stellung bezogen hatte. Das machte ihn geradezu zum Propheten. Und als der glaubwürdigste Fachmann für den Klimawandel hielt er auch noch eines der wichtigsten Zukunftsthemen besetzt.

Gore musste nie beweisen, dass er über sicherheitspolitische Erfahrung verfügt. Er beschäftigte sich mit dem Thema seit dem Kalten Krieg, er stimmte für den ersten Irakkrieg zur Vertreibung Saddam Husseins aus Kuwait und er galt während der Präsidentschaft Clintons als der Falke im Weißen Haus. Anders als die anderen Kandidaten hatte er bereits Entscheidungen über Krieg und Frieden fällen müssen, er gilt als glaubwürdig im Ausland und würde als Präsident Amerikas angeschlagenes Image mit einem Schlag verbessern.

Gores Generalangriff auf Politik und Medien gipfelte in der Klage, dass Freiheit und Vernunft im Land verloren gegangen seien. „Das entstehende Vakuum wurde gefüllt durch Angst, Aberglauben, Ideologie, Täuschung, Intoleranz und krankhafte Geheimniskrämerei zu dem einen Zweck, die Kontrolle über die Information zu gewinnen, die eine freiheitliche Gesellschaft für das Funktionieren einer auf Vernunft gegründeten Demokratie braucht." Gore versuchte, an die ureigenen amerikanischen Eigenschaften zu appellieren: Freiheitsliebe und kritische Neugier. Er wollte seiner Nation klarmachen, welchen Preis sie in den vergangenen Jahren gezahlt hatte. Freilich: Das Spiel mit der Angst, in Amerika eine Konstante im öffentlichen Leben, beherrschte nicht nur die amtierende Regierung. „Eine unbequeme Wahrheit" war nichts anderes als ein gewaltiger, furchteinflößender Donnerschlag, fast schon ein Weltuntergangsszenario. Die Apokalypse als Leitmotiv für die gottesfürchtige Nation.

Mit George Bush rechnete Gore dabei nicht offen ab. Überhaupt ließ er sich in den Jahren seit dem Duell 2000 nur selten zu einer direkten Provokation hinreißen. Einem Reporter der Zeitschrift *New Yorker* sagte er einmal, dass er Bush als einen schwachen Menschen sehe. „Er stellt sich als unglaublich stark da, aber hinter verschlossenen Türen im Oval Office schafft er es nicht, zu seinen Geldgebern und seiner Koalition Nein zu sagen. Er war unglaublich formbar durch Cheney und Rumsfeld und Wolfowitz. Unmittelbar nach 9/11 wurde er eingewickelt." Gleichzeitig räumte Gore ein, dass man Bush nicht unterschätzen dürfe, der Mann sei intelligent: „Ich glaube nicht, dass er intellektuell schwach ist. Ich glaube nur, dass er nicht neugierig ist. Seine Schwäche ist moralisch. Seine Unterwürfigkeit (gegenüber Interessengruppen) kann nur von einer echten moralischen Feigheit herrühren."

Wenn auch seine Kritik am amtierenden Präsidenten versteckt blieb, so war die Aussage in „Angriff auf die Vernunft" eindeutig: Nach acht Jahren Bush muss Amerika von Grund auf erneuert werden. Acht Jahre Enge und Demagogie hätten das innere Gefüge des Landes angegriffen. Er würde diese Leere füllen, er würde Amerika wieder zum Leben erwecken können. Gore hatte das Narrativ für den aufziehenden Wahlkampf gefunden. Er konnte bereits mit einem Heilsversprechen aufwarten, anders als die übrigen Kandidaten aus dem Lager der Demokraten, die sich noch mit ihrer Position zum Irak abquälten oder Baupläne für ein neues Gesundheitssystem zeichneten. Gore war da bereits zu einer tieferen Schicht vorgedrungen, er packte die Wähler bei ihrem Lebensgefühl, bei dieser so entscheidenden Frage für einen US-Wahlkampf:

Weshalb eigentlich sollen wir wählen? Gore gab die Antwort, indem er sagte, was es aus seiner Sicht ausmache, Amerikaner zu sein. Er hatte die richtige Botschaft gefunden.

Aber: Wollte er eigentlich ein Kandidat sein? Lief sich da tatsächlich einer warm, der im richtigen Moment hervortreten und seine Ambitionen verkünden würde? Gore wiederholt seit Jahren einen Standardsatz, wenn er nach seiner politischen Zukunft gefragt wird: „Ich habe keine Pläne für eine Kandidatur." Dieser Satz wurde immer wieder auf seine Vieldeutigkeit hin untersucht. Pläne heißt Pläne, und Pläne können sich ändern. Die Tür ist also nicht geschlossen, und sie kann jederzeit ganz aufgestoßen werden. Gore sagte einmal, dass man dies verstehen müsse: Er habe gut dreißig Jahre in der Politik verbracht, das sei sein Geschäft. Das lasse man nicht so einfach hinter sich.

Der Grund für die Vieldeutigkeit ist simpel: Selbst wenn Gore nie mehr antreten wollte – eine definitive Absage würde seinen Marktwert drastisch senken. Hingegen hält das Ratespiel das Interesse an seiner Person wach, die Neugier lässt nicht nach. Also muss er zumindest die Illusion am Leben erhalten. Tipper konnte da eindeutiger werden: „Er hat Zugang zu jeder Führungspersönlichkeit in jedem Land, zur Wirtschaft, zu Menschen jeglicher politischer Prägung. Er kann alles so machen, wie es ihm gefällt, überall auf der Welt, so lange wie er will. Das ist Freiheit. Warum sollte das irgendjemand aufgeben wollen?"

Die Antwort wäre: Natürlich um Präsident zu werden, um sich den Lebenstraum zu verwirklichen. Und um den Wunsch Zehntausender in den USA zu erfüllen. Die Bewegung *Draft Gore* sammelte bis Anfang November mehr als 200 000 Unterschriften, um Gore zu einer Kandidatur zu bewegen. Freiwillige konnten sich auf Listen eintragen, damit

Gore aus dem Stand – wenn er denn wollte – eine Helfermannschaft beieinander hätte. Finanzierungsfachleute rechneten aus, dass der Multimillionär Gore seinen Wahlkampf wohl auch selbst bezahlen könne – Spenden müsste er also zunächst keine sammeln. Und außerdem: Wäre es nicht vielleicht möglich, im letzten Moment in das Rennen einzusteigen, sich zum letztmöglichen Termin auf die Wahllisten setzen zu lassen? Gore ist bekannt, seine Botschaft wirkt bereits; und versucht er nicht seit dem Frühjahr 2007, ein paar Pfunde loszuwerden – immer wieder ein untrügliches Zeichen für einen nahenden Wahlkampf?

Die Signale deuteten indes auf eine klare Entscheidung: Al Gore wird nicht kandidieren. Schon im Sommer ließ er potentielle Geldgeber wissen, dass sie ihre Spenden anderswo anlegen könnten – sie hätten die freie Wahl und müssten sich nicht durch ihn gebunden fühlen. Wahlkampfexperten stellten außerdem fest, dass Gore seine politische Leidenschaft gebremst habe, dass er nicht mehr jeden Klatsch aufsauge. Und im November teilte die Draft-Gore-Bewegung mit, dass sie ihre Bemühungen beende, Gore einen Listenplatz für die kalifornischen Vorwahlen zu sichern – auf ausdrücklichen Wunsch des Mannes selbst. Dies wolle man respektieren.

Zum Jahresende 2007 machte eine Kandidatenerklärung dann auch keinen Sinn mehr. Die Vorwahlen würden diesmal bereits im Januar beginnen, Anfang Februar steht der Kandidat fest, wenn in den großen Bundesstaaten New York und Kalifornien die Nominierung ausgefochten ist. Außerdem gab es keine Berater mehr: Die wichtigen Wahlkampfstrategen hatten sich lange ihre Option offengehalten, aber im Sommer 2007 scharten sich die Helfer um ihre Favoriten: Hillary Clinton, Barack Obama und John Edwards. Gore, der viele Anrufe erhalten hatte, ließ alle Zauderer wissen, sie sollten sich durch ihn nicht gebunden fühlen. Das Rennen musste ohne ihn starten.

Was Gore zu seiner Zögerlichkeit trieb, hat er nie erklärt. Selbst enge Freunde stellten wieder einmal fest, dass er zwar mit vielen rede, Meinungen einhole und Stimmungen teste – aber nicht wirklich seine Absichten preisgebe. Die Zauderei war auch deshalb merkwürdig, weil sich den Demokraten 2008 die beste Chance auf das Weiße Haus eröffnet, seitdem Clinton 1992 Vater Bush aus dem Regierungssitz vertrieben hatte.

Aber wie schon 1992 war auch diesmal Al Gore nur ein Zuschauer des eigentlichen Spiels. 1992, so sagten viele, hätte er die Nominierung leicht gewonnen. Aber er trat nicht an und überließ das Feld diesem weitgehend unbekannten Gouverneur aus Arkansas. 2000 erfreuten sich die Demokraten eines Überangebots vielversprechender Kandidaten. Und wieder kam diese Familie aus Arkansas dazwischen, auch wenn sie inzwischen umgezogen war nach New York.

Die Clintons spielen im Leben von Al Gore eine komplizierte Rolle. Bill Clinton ermöglichte ihm zwar die Vizepräsidentschaft, aber Gore zahlte dafür einen hohen Preis. Wieder einmal wurde seine Leistung überschattet von einer übermächtigen Vaterfigur, wieder lebte er mit einer geborgten Identität.

Und dann war da noch Hillary: Das Verhältnis der beiden zueinander war von den ersten Tagen der 92er Kampagne an von Spannungen geprägt, nachdem Gore mit Hillary Clintons Terminsekretärin eine Auseinandersetzung über seine Präsenz im Wahlkampf austragen musste. Hillary Clinton sah sich selbst in der Rolle einer Art Vizepräsidentin. Sie verlangte nach einem Büro auf dem Flur neben dem Oval Office, sie wollte Politik machen – obwohl eigentlich er gewählt worden war. Beide fochten um Anerkennung, um Projekte, um den Zugang zum Präsidenten – „eine Rivalität wie unter Geschwistern", wie ein Beobachter schrieb.

Hillary Clinton und Al Gore sind ähnliche Charaktere, ungemein kopfgesteuert, kontrollbesessen, feinnervig in Machtfragen. Beide erheben einen hohen moralischen Anspruch, sehen die Welt in Schwarz und Weiß und sind unfähig, spielerisch mit den Stärken und Schwächen von Mitarbeitern und politischen Gegnern umzugehen. Sie tun sich überhaupt schwer im Umgang mit Menschen, sind eher misstrauisch als offenherzig und wollen nichts dem Zufall überlassen. Al Gore war der Mikromanager der Clinton-Präsidentschaft – und Hillary die Controlling-Abteilung. Beide konnten nichts ausrichten gegen die größte Bedrohung dieser politischen Ära: die nicht zu steuernde Emotionalität und am Ende eben auch die Libido des Präsidenten.

Diese Ohnmacht hat beide gleichermaßen niedergedrückt, aber während Al Gore den Abstand suchte und in falscher Einschätzung der Stimmung Bill Clinton als Ballast empfand, arrangierte sich Hillary Clinton mit ihrem Schicksal. Hätte sie nach der Lewinsky-Affäre die Konsequenzen gezogen und sich von ihrem Mann getrennt, dann wäre ihr die politische Zukunft genommen worden. Nur als Frau Clinton konnte sie zur Präsidentschaftskandidatin Clinton reifen. Gore nahm ihr die Senatskandidatur besonders übel, weil sie ihm noch mehr Luft nahm im Wahlkampf 2000. Die Botschaft an die Wähler war, dass diese Clinton-Sippe nicht verschwinden würde.

Hillary Clinton und Al Gore leben in einer politischen Symbiose – und wieder einmal ist Al Gore der schwächere Teil dieser Zweierbeziehung. Dies muss er gewusst, zumindest geahnt haben. Ein Duell mit Hillary wollte er nicht herausfordern, nicht im Sommer 2007. Es gehört zur Tragik in

Gores Leben, dass er ein schlechtes Gespür für den richtigen Zeitpunkt hat und dass er im Zweifel nicht zubeißen kann. Selbst wenn er sich im Sommer 2007 noch mit dem Gedanken einer Kandidatur getragen haben sollte – Hillary Clinton war schon längst positioniert. Ihre Kandidatur, obwohl von einer breiten Basis der Demokraten mit Misstrauen begleitet, war im Stillen zu einer Selbstverständlichkeit geworden. Hillary Clinton war zu früh zu stark geworden, als dass sie noch jemand vom Thron hätte stoßen können.

So kam es für Al Gore zur Wiederkehr eines Lebensmotivs, zur dritten Wiederholung eines tragischen Themas. Nach 1992 und 2000 vergab er die womöglich letzte Chance, dem Wunsch seines Vaters Rechnung zu tragen und als Präsident in das Weiße Haus einzuziehen. Wieder hatte er falsch kalkuliert, wieder hatte er gezögert, wieder hatte er mit widrigen Umständen zu kämpfen.

Hatte er wirklich? Oder war Al Gore am Ende zufrieden mit seinem Weg? Fand er seinen Frieden in der neuen Rolle als globaler Aktivist, als Staatsmann einer neuen Zeit, als Repräsentant einer neuen politischen Dimension? Tatsächlich schuf dieser Al Gore in seinem 60. Lebensjahr etwas ganz Frisches: Er erwarb einen Vertretungsanspruch für eines der wichtigsten Probleme dieser Zeit, er wurde für die ganze Welt *Mr. Klima* und richtete sich eine eigene politische Sphäre ein – eine Welt, in der er seine wissenschaftlichen Ambitionen, seine politische Kraft und seinen persönlichen Zugang zu den Medien selbst nach seinem Gusto balancieren konnte. Kaum ein Politiker vor ihm entwickelte die Wirkung eines Rockstars, und kein Rockstar verfügte über eine derart hohe politische Glaubwürdigkeit.

Die Grenzen zwischen Gores politischer Welt und seiner Glamour-Welt verwischten. Das Erstaunliche dabei: Diese

Vermischung ging – oberflächlich betrachtet – nicht auf Kosten der Substanz, Gore blieb in seiner Botschaft immer noch glaubwürdig, wirkte nicht überdreht oder hysterisch. Er entfaltete seine Wirkung jenseits von Ländergrenzen und schuf einen seltenen Konsens auch über kulturelle Barrieren hinweg. Politik und Unterhaltung harmonierten auf das Seltsamste, weil das Thema so wenig Widerspruch duldet. Gores Kapital war die Symbolik und damit wertvoller als die Kröten, die sich im politischen Tagesgeschäft zusammenkratzen lassen. „Ein Laptop-schwingender Klima-Ninja", schrieb eine amerikanische Zeitung; „Leonardo DiCaprio und Julia Roberts leuchten an seiner Seite statt eines Schattenkabinetts", so die *Frankfurter Allgemeine*.

Ist das jetzt die neue Form der Politik? Ist Gore der erste globale Agendaführer, der an der Spitze einer gut finanzierten und glamourösen Truppe von Eingreifaktivisten steht? Diese neue Kategorie von politischen Köpfen macht bereits ihren Einfluss geltend: Mäzene des Weltwohls werden zu Wortführern globaler Krisenthemen. Bill Gates, der Microsoft-Gründer, gibt mehr Geld für die Aids-Bekämpfung aus als die meisten Staaten. Ted Turner, der Medienmogul, finanziert die Vereinten Nationen. George Soros, der Finanzjongleur, unterhält ein Demokratisierungsnetzwerk in Osteuropa. Sie treffen auf die Stars des Showgewerbes. Auf Bono, den Afrika- und Entschuldungsaktivisten. Auf Brad Pitt, den Mann für Tibet und die Menschenrechte. Die Superreichen paaren sich mit den Einflussreichen und definieren eine inhaltliche Schnittmenge.

Al Gore verfügt über beides: Geld und Einfluss – und er besetzt ein Thema inhaltlich glaubwürdig und anspruchsvoll. Das ist die Zauberformel für eine neue Dimension der Politik, die sich den Zugang zu den Menschen über das Internet erwirbt oder über die Verlockungen der Unterhaltungsindustrie. Politik findet nicht mehr auf Marktplätzen oder in Parteizirkeln statt. Macht hat, wer das Thema besetzt und glaubwürdig vor der Masse besteht.

Ist das Kapitel Präsidentschaft für Al Gore also abgeschlossen? Ist das neue Oval Office der Datenraum im Netz und das Weiße Haus eine langweilige Ablenkung? „Ich habe mich von der Politik entliebt“, sagte er unlängst – eine hübsche Formulierung. Al Gore ist in neue Sphären vorgedrungen, völlig gefangen im Geschäft der Visionen, getragen von einer Welle der Sympathie und sichtlich entwöhnt von der harten Realität, dem brutalen Mediengeschäft und der nervenaufreibenden Hatz nach Stimmen. Nun wird er geliebt und anerkannt, ohne dass er sich anstrengen, ohne dass er eine Rolle übernehmen muss. Al Gore ist plötzlich er selbst geworden – er darf väterlich reden, belehren, komplizierte Sätze bauen. Er darf hölzern und unnahbar wirken, ferngesteuert und doch leidenschaftlich, untaktisch und kalkulierend in einem.

Ein langer Weg von der Titelseite des *Nashville Tennessean* bis zum Retter der Erde. „Es ist jetzt leichter für mich, einfach loszulassen“, sagte er, „ich bin befreit.“